To.

....

....

....

From.

대한민국 최고들은
왜 잘하는 것에 미쳤을까

대한민국 최고들은
왜 잘하는 것에 미쳤을까

초판발행일 | 2014년 5월 20일
2쇄발행일 | 2014년 6월 4일
3쇄발행일 | 2014년 7월 5일

지 은 이 | 이근미
펴 낸 이 | 배수현
디 자 인 | 박수정
제   작 | 송재호
홍   보 | 전기복
출   고 | 최은빈
기   획 | 엔터스코리아 작가세상

펴 낸 곳 | 가나북스 www.gnbooks.co.kr
출 판 등 록 | 제393-2009-000012호
전   화 | 031) 408-8811(代)
팩   스 | 031) 501-8811

ISBN 978-89-94664-65-1(03190)

잘되는 사람들의 성공비결

대한민국
최고들은
왜 why?
잘하는 것에
미쳤을까

이근미 지음

✒ 재능을 살려 열매 맺는 삶으로 가자

"성공하기보다 행복하고 싶다."

많은 사람들이 성공보다는 행복한 삶을 원한다는 조사결과가 나왔다. 행복한 삶이란 어떤 것일까.

23년간 1,000여 명을 만나 보니 늦은 나이까지 일하는 사람들의 행복감이 컸다. 한참 일할 나이 때는 "쉬었으면 좋겠다."고 하지만 정작 나이가 들면 계속 일하고 싶어 한다. 다양한 나이대의 사람을 만나 본 결과, 중요한 자리에서 일하는 60대 이상인 사람들의 만족도가 상대적으로 높았다.

늦은 나이까지 열심히 달릴 수 있는 비결은 끊임없는 자기 관리에 있다. 그들이 어떻게 자신을 독려했는지, 그 비결을 배워 내 것으로 만들자는 것이 이 책을 쓴 목적이다.

2008년에 『+1%로 승부하라』는 제목의 책에 '팔방미인보다

한 우물을 파는 고수들'의 성공 비결을 담아 낸 적이 있다. 좀 더 끈질기거나, 좀 더 부지런하거나, 좀 더 열기가 뜨거운 그들의 삶을 분석한 책을 출간한 이후 기업체, 공공기관, 학교 등지의 요청으로 강의를 하고 있다. 그동안 더 많은 사람을 만났고, 강의를 하면서 새롭게 깨달은 바가 많아 이 책을 선보이게 되었다.

요즘 힐링이 대세이다. 한창 달려야 할 때 잠깐 멈추어 서서 지친 심신을 달래는 이들이 많다. 몸이든 마음이든 아프면 달래고 치료해야 하되 그에 앞서 너무 쉽게 지치는 건 아닌지, 지치는 이유가 엉뚱한 방향으로 달리면서 자신을 혹사해서 그런 건 아닌지, 점검해 볼 필요가 있다.

이 책에 등장하는 고수들은 아프다고 좌절하지 않고, 지친다고 푹 퍼지지 않는다. 힘든 상황이 올 때면 스스로 돌파구를 마련하여 계속 나아간다. 때로 바닥까지 떨어지더라도 마음을 다잡아 새로운 도전을 시작해 기어코 결실을 이룬 이들을 만났다.

꿈을 가진 이들이 이 책에 등장하는 고수들의 삶을 통해 인생의 중간 점검을 하고 새롭게 힘을 얻었으면 좋겠다. 이제 막 사회생활을 시작한 이들이 책 속에서 만난 사람을 벤치마킹하여 성공에 이르기를 바란다. 인생 이모작을 시작하면서 용기를 얻고 싶은 이들에게도 도움이 되었으면 좋겠다.

이 책에 등장하는 인물들은 직접 취재를 했거나, 취재 이후 지인으로 발전한 이들이다. 여기저기서 발췌한 내용을 짜깁기한 게 아니라 내가 보고 느낀 일을 기록하고 나의 생각을 담았다.

신 나게 달리는 이들의 성공 비법을 공유해 내 삶에 적용하기, 내가 가진 달란트를 잘 계발해 최선의 노력을 기울이기, 나에게 생긴 영향력을 선하게 사용하기, 이런 일들을 이 책을 읽으면서 생각해 보면 좋을 듯하다.

내가 만난 성공한 이들이 그 자리에 이른 비결을 딱 한마디로 요약하라면 '잘하는 것에 미쳤기 때문'이다. 하나님은 사람이 태어날 때 달란트를 하나씩 챙겨 주셨다. 분명 누구나 잘하는 것이 한 가지씩 있다. 이를 갈고 닦아 견실한 열매를 맺는다면 잘 사는 인생일 것이다. 이 책을 읽는 이들이 잘하는 것에 미쳐 열매를 많이 맺고 의미있는 삶을 살길 바란다.

고수는 어떤 사람일까? 비단 우리 사회가 인정하는 성공한 사람이라는 뜻만 있는 게 아니다. 잘하는 데 미쳐 삶을 즐겁게 살면서 열매 맺는 사람이야말로 진정한 고수다. 여러 고수들을 만나 내 삶에 대입하면서 즐거운 상상을 하기 바라는 마음이다.

"너희가 많은 열매를 맺어 내 제자라는 것을 보여주면 내 아버지께서 영광 받으신다."라는 말씀을 되새기며 달란트를 열심히 갈고 닦을 것을 다짐한다.

세상의 모든 이들이 자신의 재능을 활짝 펼쳐 튼실한 열매 맺길 기대하며 책이 나오기까지 수고해 주신 모든 분들께 감사의 말씀을 전한다.

이 근 미

contents

part 01

잘하는 것에
미쳐라

part 01

잘하는 것에 미쳐라

:: 너무 잘해 지루한 것에 길이 있다

"이 나이 되도록 해 놓은 게 없어."

주변에서 이런 푸념을 늘어놓는 사람이 의외로 많다. 유능하다고 인정받으며 열심히 달리면서도 이런 말을 하면 덩달아 마음이 갑갑해진다. 부지런히 살아왔는데도 딱히 내놓을 만한 게 없다는 의미이니. 어느 시점이 되면 슬슬 열매를 맺기 시작해야 힘이 난다. 많은 사람을 만나 본 결과 높은 위치에 오르거나 엄청난 부를 이루었다고 성취감이 큰 건 아니었다. 의미있는 성과를 내고 스스로 만족감을 느낄 때 비로소 자신감을 갖는 사람들이 많았다.

열매를 맺고 싶다면 가장 먼저 자신이 잘하는 것을 찾아내야 한다. 나의 달란트를 정확히 파악해야만 견실한 결실을 맺을 수 있기 때문이다.

달란트는 원래 화폐 단위였는데 요즘은 탤런트(talent), 즉 재능이라는 뜻으로 쓰인다. 성경에 여행을 떠나는 주인이 세 명의 종에게 달란트를 맡기는 이야기가 나온다. 다섯 달란트와 두 달란트를 받은 종은 열심히 장사를 하여 두 배의 이윤을 남겼으나 한 달란트 받은 종은 돈을 잃어버릴까 봐 땅에 묻어놓는다. 두 종은 주인에게 칭찬을 듣고 앞으로 더 많은 일을 맡기겠다는 약속을 받는다. 하지만 한 달란트 받은 종은 주인으로부터 "돈을 은행에 맡겼다가 이자라도 받을 것이지."라는 핀잔을 듣는다. 한 달란트 받은 종은 지레 겁을 먹고 자신에게 주어진 하나의 재능조차 살리지 못하여 파면된 반면, 다섯 달란트와 두 달란트 받은 종은 상을 받고 더 큰 일을 맡게 된다.

'나는 재능이 없어'라고 생각하고 자신을 묵혀 두는 순간 이미 경쟁에서 낙오된다. 스스로 변변치 못한 달란트라고 생각될지라도 끄집어내서 발휘해야만 결과를 얻을 수 있다. 자신만의 독특하고 고유한 재능을 찾고 그 재능을 살려 한 걸음 내디딜 때 고수의 길이 보이기 시작한다.

"나의 재능이 뭔지 모르겠어. 나는 도무지 재능이 없어." 이렇게 말하는 분들에게 "너무 잘해서 지루한 게 있는가?"라는 질문을 던지면 심드렁한 표정으로 "있지만 그게 뭐 재능인가?"라고 반문한다. 너무 잘해 지루한 것, 그것이 나의 달란트이며 거기에 내 삶을 여는 열쇠가 숨어있다.

서양화가 김점선 화백은 어릴 때부터 그림을 굉장히 잘 그려 언니들 미술 숙제를 도맡아 해 주면서도 그 재능을 살릴 생각을 하지 않았다. 동네에 그림 잘 그리는 사람이 '환쟁이'라고 무시

당하며 매우 가난하게 사는 걸 보고 '그림은 안 좋은 거'라는 선입견을 가졌기 때문이다. 미국에 가서 비트족으로 사는 게 꿈이 었던 그녀는 고등학교 때부터 영어 공부에 열을 올렸다. 이화여대 교육공학과 졸업 후 2년 6개월 동안 선교사 통역을 할 때 고등학교 교사 월급의 4배를 벌었지만 원하던 일이 아니어서 매사 심드렁했다.

그녀가 화가의 길로 들어선 계기는 다소 엉뚱하다. 친한 친구가 집에서 결혼을 재촉한다며 죽고 싶다는 하소연을 하자 20대 중반의 철없는 세 친구가 함께 죽어 주겠다고 약속했다. 그들은 촛불을 켜놓고 음악을 들으며 독약을 먹고, 죽기 전에 자신의 한이 뭔지 발표하자는 죽음예식까지 구상했다. 집으로 돌아와 자신의 한이 뭔지 곰곰이 생각할 때 그녀의 뇌리에 떠오른 것이 바로 그림이었다. 그림 실력으로 뭔가 이루지 못하고 이대로 죽는 건 억울하다는 생각이 그제야 든 것이다. 그녀는 다음날 약속 장소로 가는 대신 미술 학원에 등록했고 이듬해 홍익대학교 대학원에 합격했다. 그때 같이 죽기로 한 친구들은 김점선이 안 오는 바람에 다행히 죽음 예식을 치르지 못했다.

대학원에서 서양화를 전공한 김점선은 아침 6시부터 밤 12시까지 그림 그리는 일에 몰두했고, 제1회 앙데팡당전에 입상하면서 '천재'라는 칭송을 받았다. 결혼 후 오직 그림만 그리기로 결심한 김점선 화백은 신혼 첫해에 싼 집을 찾아 이사를 세 번이나 했을 정도로 궁핍했다. 콩나물 살 돈이 없어 산에서 뜯은 풀을 넣고 된장국을 끓여 먹었다. 이틀 있으면 식량이 떨어질 지경까지 갔지만 최후까지 깡과 배짱으로 버텼다. 영어를 가르치든 그림을 가르치든, 밖으로 나가면 바로 돈을 벌 수 있었지만 '그림을 택했으니 그림이 안 되면 죽어야지, 뭘 딴 걸 해'라는 각오로 집안에서 그림만 그렸고, 얼마 후 기적적으로 그림이 팔리기 시작했다.

미술평론가 김종근 씨는 '우리나라에서 천재 화가를 꼽으라고 하면 주저 없이 김점선을 꼽는다. 우리나라 여류 화가 중에서 거의 유일하게 그림만 팔아서 먹고 사는 전업 작가이자 가장 열심히 작업과 전람회를 한 여걸'이라고 평가했다.

너무 잘해서 지루한 것, 별로 힘들이지 않고 잘할 수 있는 일, 그 정도쯤이 뭐 대수라고 생각되는 분야가 있다면 빨리 계발해야 한다. 별로 힘들이지 않고 잘하는 일, 하나님으로부터 받은 선물이 무엇인지 곰곰이 생각해 보라. 엉뚱한 데서 헤매고 있다면 지금부터라도 달란트를 갈고 닦아 보라. 그러면 명품 인생이 가까워질 것이다.

너무 잘해서 지루한 것, 그것이 나의 재능이고, 그 달란트를 계발하는 것이 성공에 이르는 지름길이다. 내가 가장 잘하는 일, 그 일에 몰두하자. 너무 늦었다고 생각하는 건 섣부르다. 인생 이모작을 넘어 인생 삼모작까지 해야 하는 100세 시대가 아닌가. 잘하는 데 미칠 때 행복한 성공에 한 걸음 가까이 다가갈 수 있다.

:: 열망으로 가까이 가기

　강의를 하러 가면 주최 측 인사가 먼저 강사 소개를 한다. 어느 학교를 나왔고, 어떤 일을 했고, 어떤 책을 썼고 등등 그간의 경력을 수강생들에게 알리는 것이다. 인사를 한 뒤에 마이크를 잡고 "딱 보면 아는 사람이어야 하는데, 설명이 필요한 사람이어서 미안하다. 설명이 필요 없는 프로가 되는 길을 함께 떠나 보자."고 말하면 다들 미소 지으며 고개를 끄덕인다.

　강의 취지와 함께 몇 가지 얘기를 한 뒤 '열망으로 가까이 가자'는 제목과 내가 그간 발간한 책 사진을 보여주면서 내 얘기를 하면 몰입도가 100%로 올라온다. 내 소설 『17세』 표지를 보여주면서 이 질문을 던지기 때문이다.

　"여러분은 17세 때 뭐 하셨나요? 저는 17세 때 울산에서 효성그룹 계열 회사 현장에서 일했습니다."

　대개의 사람들은 17세 때 고등학생이었다. 그러니 고등학교 대신 공장에 다닌 사람이 강의를 한다니 호기심이 일 수밖에 없다. 내가 고등학교 대신 효성그룹에 다니게 된 계기는 내 소설 『17세』의 앞부분에 나와 있다. 똑같은 건 아니지만 거의 비슷한 상황이다.

　부산에 있는 고등학교에 보내달라는 요청을 부모가 들어주지 않자 울산에 있는 상업고등학교 시험을 치지 않았고, 그해 8월에 친구 따라 가서 입사 시험을 치고 회사에 들어갔다가 친구들이 고등학교 졸업할 때쯤 그만두었다. 고졸 검정고시에 합격한 이후 음악대학에 진학할 계획을 갖고 있었다. 교회 반주자가 꿈이었던 엄마의 권유로 배운 피아노를 가르치다 보니 아무래도 음대에 가야 할 것 같아서였다. 계속 음대 입시를 준비했지만, 삼 년 동안 전후기 통틀어 다섯 번이나 떨어졌고 그제야 '내 길이 아니다'라는 생각이 들 즈음 떠오른 학교가 중앙대학교 문예창작학과였다.

피아노에서 문학으로 급선회한 건 우연한 기회에서 비롯되었다. '음대 나온 피아노 선생'이라는 현실적 목표를 세우고 있던 어느 날, 서점 앞을 지나다가 예쁜 여배우들 표지 사이 붙은 추레한 남자 사진이 눈에 띈 것이다. 다름 아닌 소설가 이외수 선생이었고 그 잡지가 바로 『소설문학』이었다.

『소설문학』을 매달 구독하면서 다른 문예지와 소설 단행본도 많이 읽었는데 여러 소설가들의 프로필에서 발견한 것이 '문예창작학과' 출신이라는 점이었다. 피아노과에 계속 떨어지자 '실기 30%'를 내건 중앙대학교 문예창작학과를 눈여겨보게 되었고 어릴 때 글짓기 대회에서 상 받았던 것을 과대평가하여 그쪽으로 방향을 틀었다. 문예창작학과에서 공부하면서 나의 달란트는 피아노가 아니라 글 쓰는 일이라는 것을 깨달을 수 있었다.

열망으로 가까이 가기, 거기에서 일이 시작된다. 내 경우는 잡지 표지에 이끌려 몇 년간 나도 모르게 문학적 환경을 만들었고 그게 나의 달란트를 찾는 계기가 되었다. 자신의 재능과 전혀 상관없는 곳에서 일하고 있더라도 재능과 가까운 곳으로 가서 꿈을 키우면 언젠가 길이 열린다.

"소싯적 꿈이죠 뭐. 늦었어요."

2012년에 서울 강남구청에서 '나를 찾아가는 여행'이라는 주제로 10회 연속 강의를 할 때 많이 들었던 말이다. "수강생이 주로 중년 여성들이다. 셀프리더십을 통해 제2의 인생을 사는 데 도움이 되는 강의를 해 줬으면 좋겠다."는 담당자의 주문에 따라 매주 자존감 찾기, 이미지 메이킹, 소통, 동기부여, 인맥관리, 긍정의 힘, 미래비전 등등의 주제 아래 다양한 사례를 들어 강의했다. 수강생들이 대개 4,50대 주부였고 60대 주부들도 다수 있었다. 그 분들에게 꿈을 물었을 때 "지금 와서 무슨 꿈이냐."고 답하는 사람들이 많았다. 지금도 충분히 꿈을 펼칠 수 있다고 강변했지만 표정들이 뜨악했다.

몇 주 후 수강생 한 분이 자신이 쓴 책을 나에게 선물했다. 그 분은 두 번째 책이 곧 나올 예정이라며 그간의 얘기를 들려주었다. 늦둥이를 낳고 육아 일기를 쓰다가 육아 관련 강의를 듣게 되면서 책으로 연결되었다고 했다. 예전에 아이를 길러 본 경험을 늦둥이에게 적용하여 재확인한 풍부한 육아 상식을 제공한 그녀의 카페가 인기를 끌었고, 여러 사람들과 대화하는 가운데 육아 정보를 더 많이 쌓으면서 책을 낸 것이다. 그녀는 "고등학교 졸업 학력에 변변한 사회 활동을 한 것도 아니지만 육아에 있어서만은 누구와 얘기해도 자신있다."고 말했다. 책을 낸 뒤 육아 관련 강의도 하게 되었다는 그녀는 자신이 저자에다 강사가 되리라곤 생각도 못했다며 "내가 잘할 수 있는 일을 뒤늦게나마 찾아서 기쁘다."고 했다. 다소 늦게 달란트를 깨닫게 되면 마음을 다잡고 과감히 나서야 한다.

"나도 소설이나 써 볼까. 드라마나 써 볼까."

사람들이 나를 만나면 종종 하는 말이다. '…나 할까'는 가장 조심해야할 화법이다. 소설을 쓰기 위해서는 오랜 기간 연마를 해야 한다. 등단 코스를 거쳐서 작가로 데뷔하고, 출간을 해야 소설가로 인정받는다. 드라마는 제작비가 많이 들기 때문에 검증되지 않은 작가에게 일을 맡기는 경우가 드물다. 드라마 작가가 되려면 오랜 기간 수련을 쌓아 공모전에서 입상을 하거나, 유명 작가와 작업을 하다 독립하는 방법이 있다.

다른 분야도 마찬가지다. 수십 년의 노력 끝에 전문 분야에서 일하는 사람 앞에서 '…나 해 볼까'라고 말하는 것은 삼가야 한다. "00을 하고 싶은데, 길이 없을까요? 어떤 과정을 밟아야 할까요?"라고 말하면서 자문을 구하는 것이 바람직하다.

전문성을 쌓으려면 오랜 기간 숙련을 쌓아야 한다. 지금 하는 일이 내가 잘하는 분야이고, 평생 할 수 있는 일이라면 다행스럽기 그지없지만, 현재의 일이 내 열망과 닿아 있지 않다면 지금부터라도 연결 고리를 찾아 준비를 해야 한다.

"…나 해 볼까?"

공수표만 날리지 말고, 해 보고 싶은 그것에 가까이 가라. 그에 앞서 하고 싶은 일이 나의 재능과 잘 맞는지 살펴봐야 한다. 열망에 가까이 가는 것에서 행복한 성공이 싹튼다. 나의 열망이 엉뚱한 곳에서 의미 없이 타오르다 사그라지는 건 아닌지 늘 점검해야 한다. 열망으로 가까이 가서 차근차근 실력을 쌓는 것이 미래의 멋진 나를 만나는 길이다.

:: 비장의 카드를 마련하라

"나의 최대 약점은 잘하는 게 많다는 것이다."

이런 배부른 소리를 하는 사람이 의외로 많다. 한 가지도 잘하기 힘든데 여러 가지를 동시에 잘하는 멀티 플레이어들은 복 받은 인생이다. 하지만 그 잘하는 것을 효율적으로 운용하지 않으면 오히려 독이 되고 만다. 초반에는 이것저것 다 잘하면 여기저기서 환영받지만 확실한 주특기가 없다면 '마음씨 좋은 해결사'로 끝날 수밖에 없다. 재주 많은 이들이 자잘한 문제를 해결해 주면 소소한 인기야 누리겠지만 유능한 사람이 '한 방'을 기록하면 팔방미인은 소리 소문 없이 가라앉는다.

다 잘하는 것보다 한 가지를 확실히 잘해야 눈에 띄는 세상이다. 두루두루 잘한다면 그 중에서 가장 잘하는 것은 독보적이어야 한다. 한 가지는 정상급으로 인정받을 만큼 실력이 탁월해야 한다는 뜻이다.

이 떡 저 떡 다 손에 쥐고 놓지 못하면 쉬어 터지고 만다. 다른 재능이 사장되는 것 같아 안타깝다면 가장 잘하는 것을 확고하게 다진 다음 다른 것도 계발하면 되지 않겠는가. 이것저것 잘한다지만 모든 분야가 아마추어 수준을 벗어나지 못하면 진짜 잘하는 게 묻힐 수 있다. 독보적인 정상급 실력을 중심으로 다른 분야와 콜라보레이션을 하면 시너지 효과가 마구 발생할 것이다.

가장 나쁜 케이스는 하고 싶지도, 잘하지도 않는 일인데 어쩌다 빠져들어 정처 없이 떠밀려 가는 것이다. 적성에도 맞지 않고 비전도 없지만 수입이 괜찮아 그냥 진행하고 있다면 속히 재정비해야 한다. 자신이 하고 싶은 일이어야 열정이 생기고, 잘하는 일이어야 역량을 결집하여 성과를 거둘 수 있다. 자칫 진짜 적성이 사장되어 빛을 못 볼 우려도 있다. 스스로를 잘 파악해서 역량을 끌어올릴 환경을 조성해야 한다.

어쩌다보니 들어선 그 길, 손쉽게 할 수 있는 일에 취해 있다 보면 신선놀음에 도끼 자루 썩는 걸 모르게 된다. 화들짝 정신을 차렸을 때 이제 뭔가를 다시 시작하기 힘든 시점에 와 있을 수도 있다. 내가 원하는 길이 아니라고 생각되면 과감히 방향을 틀자. 그러면 고수의 길이 보일 것이다.

내가 지금 이 일을 의무감에서 하는가, 열정에서 하는가? 점검해 보라. 그건 구태여 구별하려 애쓰지 않아도 스스로 알 수 있다. 도무지 신이 나지 않는다면 의무감이고, 신열에 들떠서 즐겁게 한다면 열정이다. 열정적으로 해야 고수의 길로 가는 건 자명한 사실이다. 열정적으로 하는 일은 힘들여 동기부여를 하지 않아도 된다. 누가 구태여 감시를 하지 않아도 열심히 한다. 효율이 높은 만큼 성과가 크고, 그러니 더욱 신나서 일하게 된다.

제너럴 일렉트릭(GE)의 전 회장인 잭 웰치(Jack Welch)는 "승자와 다른 사람을 차별화 시키는, 모든 승자들이 가지고 있는 특성을 꼽는다면 그것은 바로 열정일 것이다. 너무 사소해서 땀흘릴 만한 가치가 없는 일이란 존재하지 않으며, 실현되기를 바라기엔 너무 큰 꿈이란 것도 존재하지 않는다."고 말했다.

관심이 많고 시간을 들였더라도 내 길이 아니라고 생각될 때는 미련없이 접어야 한다. 이것저것 하는 사람은 나중에 살아남지 못한다. 내가 가장 잘하는 분야를 일찌감치 깨달아 치열하게 준비해야 전문인으로 활동할 수 있다.

예전에 '잘 나가는' 프리랜서들을 취재하면서 "적어도 몇 살까지 전문 분야를 확고하게 확보해야 하나?"라고 묻자 대개 "서른 다섯까지는 확실히 남에게 내밀 카드를 마련해야 한다."고 답했다. 30대 중반에 전문성이 확고하면 다른 직장에 경력직으로 특채될 수도 있고 프리랜서로 나설 수도 있다. 30대 중반이 지나면 이직이 쉽지 않은 게 현실이다. 너무 늦은 나이면 프리랜서로 활동하기가 용이하지 않다. 회사의 책임있는 담당자들의 나이가 점점 낮아지는 추세이기 때문이다. 일찍 프리랜서로 나서 자리가 잡히면 나이 들어도 활동이 가능하다.

적어도 20대 중반에 사회에 뛰어들어 10년 이내에 나만의 것을 만들어야 한다는 결론이다. 빠르면 5년, 늦어도 10년 이내에 남들에게 내놓을 비장의 카드를 마련하려면 내 달란트를 계발해 확고한 무기로 만들어야 한다. 다른 사람에게 내밀 비장의 카드를 마련해 확실하게 갈고 닦는 것이 성공을 부르는 비법이다.

:: 잘하는 것 vs 하고 싶은 것

"잘하는 것과 하고 싶은 것, 두 가지 중에서 어떤 것을 선택하는 게 좋을까요."

강의장에서 이 질문을 던지면 '하고 싶은 것'을 선택하는 사람의 숫자가 좀 더 많다. 내가 잘하는 것과 내가 하고 싶은 것이 일치한다면 그 이상 다행한 일은 없다. 게다가 그 일이 남에게 유익을 끼치고 의미까지 있다면 금상첨화일 것이다.

인터뷰 현장에서 "어릴 때부터 나는 이것밖에 잘하는 게 없더라고. 그래서 이 길을 죽 걸었고, 그래서 지금 이 자리에 왔지."라는 말을 많이 들었다. 자신이 잘하는 걸 계발하는 것이 그만큼 성공에 가까이 가는 길임에 틀림없다.

잘하는 일이라고 해도 노력이 그만큼 가미되지 않으면 일가(一家)를 이루기가 힘들다. MBC 김주하 앵커는 대학 시절 아나운서 시험을 준비하면서 김동건 아나운서에게 평가를 부탁했다. 최고의 아나운서를 무작정 찾아가 자신의 콤플렉스인 목소리에 대한 고민을 털어놓았다. 그러자 김동건 아나운서는 "안 좋은 목소리란 없다. 목소리를 바꿀 수는 없지만, 포장할 수는 있다."며 격려해 주었다. 김주하 앵커는 그런 격려에 자신감을 얻고 부단히 노력하여 신뢰감 가는 목소리를 만들게 되었다. 사소한 콤플렉스에 눌려 그대로 주저앉으면 재능이 사장되고 만다.

잘하는 것과 하고 싶은 것의 딜레마에서 너무 섣부른 결정을 내릴 필요는 없다. 자신의 재능을 '지금 현재 잘하는 것'에 국한시키는 우를 범하면 안 된다. 내 안에 나도 모르는 보물이 있을지 모르기 때문이다.

'내가 너무너무 하고 싶은 것'을 향해 질주하다가 그것이 바로 나의 재능임을 깨닫는 경우도 있다. 여러 회사를 드나들면서 야단맞는 직원들을 목격한 적이 있다. "너는 이 일에 아예 자질이 없어. 다른 직종을 알아 봐."라는 절망적인 얘기를 듣고 고개를 푹 숙이는 사람도 봤고 "이것도 기사라고 썼냐."며 프린트한 기사를 던져 버리는 상사도 봤다.

'저 정도로 창피를 당했으면 곧 그만두겠군.'

그렇게 생각했던 이들 중에 지금 전문가로 활동하는 이들이 있다.

이웃에 사는 종합여성지 편집장 출신 K가 어느 날 "입을 꿰매고 싶다."고 하소연을 했다. K는 예전에 신참에게 "넌 기자로서 자질이 없으니 다른 길을 가라."고 충고했다고 한다. 그런 얘기를 들었던 신참이 요즘 모 잡지사 편집장으로 맹활약을 펼치고 있다는 소식을 접했다며 "남의 앞길 막을 뻔했지 뭐야. 충고를 함부로 하면 안 될 것 같아."라고 했다. 그 말에 절로 고개가 끄덕여졌다.

될성부른 나무인지 아닌지 떡잎으로 알 수 있을 것 같지만 남의 인생 들여다보기가 그리 호락호락하지 않다. 분명 안 될 것 같았는데 나중에 결과물을 갖고 의기양양하게 등장하는 사람들이 있으니 말이다.

충분히 해낼 자질과 그 일을 반드시 완수하겠다는 책임감이 있다면 '하고 싶은 일'에 도전하지 않을 이유가 없다. 뒤늦게라도 자신이 하고 싶었던 일에 투신하게 되었다면 멈추지 말고 앞으로 나아 가자. 성공의 제 일 조건은 포기하지 않는 것이다. 질기면 이긴다. 제아무리 뛰어난 재능을 가진 사람도 마음 약하게 먹는 순간 뒤처지게 된다.

자신의 달란트를 제대로 짚어 열심히 전진하는 데 꼭 초를 치는 이들이 있다. "니 주제에 될 거 같아?" "그건 이미 한물 간 거야."라며 기를 팍팍 죽이는 이들을 꼭 있다. 원대한 꿈을 향해 나아가는 이들에게 "세상 너무 모르네. 니가 그걸 하면 내 손에 장을 지진다."며 의기소침하게 만드는 이를 만나면 마음 약해져 꿈을 포기할 수도 있다.

나는 대학에 입학하기 전 『소설문학』을 끼고 다니며 나중에 소설가가 되고 싶다는 얘기를 친구들에게 하곤 했다. 피아노를 전공하여 근사한 학원을 차린 뒤 대학원에 가서 문학 공부를 정식으로 해야겠다는 꿈을 꿀 때였다. 친구 옷가게 옆 매장에 여름방학을 맞아 친척집에 다니러 온 서울 모 대학 국문과 학생이 자주 드나들었다. 그 학생에게 친구가 나를 소개하며 "애는 나중에 신춘문예 당선되어 소설가가 되고 싶어 한다."고 말했다. 그런데 갑자기 그 남학생이 우산을 바닥에 패대기치더니 "신춘문예가 뉘 집 개 이름인 줄 아나."라고 말했다. 신춘문예에 몇 번 떨어졌는지 어쨌는지, 신성한 영역을 너 같은 자격 미달이 넘보느냐는 표정으로 나를 바라봤다. 얼굴이 화끈거려 바로 그 자리를 벗어나는데 자격지심에 가슴이 마구 아려왔다. 오래도록 신춘문예는 감히 내가 꿈도 못 꿀 일이라는 생각이 들 정도로 그날의 기억이 강렬했다.

음대에 떨어진 뒤 하는 수없이 문예창작학과에 들어간 이후에도 괜히 음대를 기웃거리며 피아노 부스에 들어가서 입시 때 쳤던 베토벤 소나타 31번을 연주하곤 했다. 방학 때 울산에서 만난 애들이 어느 학과냐고 물으면 문창과라고 명확히 답하는 대신 대충 얼버무렸다.

신춘문예의 꿈을 키우게 된 건 문예창작학과에 적응한 3학년 무렵이었다. 4학년 때 응모한 소설이 최종심에 올랐고, 졸업 후 3년 만에 등단할 수 있었다. 꼭 그 국문과 학생 탓은 아니겠지만, 누군가가 "넌 글 쓰는 게 잘 맞고, 신춘문예에 응모하면 잘될 거야."라고 말해 줬더라면 좀 더 빨리 힘을 내지 않았을까 싶다. 괜히 남 탓하기 전에 '기죽이는 사람 멀리하기, 누가 뭐라든 내 길을 달려 나가기'를 실행할 강단을 기르는 게 중요하다.

오프라 윈프리(Oprah Winfrey)는 "자신이 누구인지, 또 자신이 할 수 있는 일과 할 수 없는 일이 무엇인지 알아야만 최선의 능력을 발휘할 수 있다. 만약 할 수 없는 일에 발목을 잡혀서 더 높이 날아가지 못하는 상황이라면 그 할 수 없는 일이 무엇인지 파악하라. 그것이 할 수 있는 일을 아는 것보다 훨씬 중요하다."고 했다.

여자 골프 세계 랭킹 1위 박인비 선수가 한 인터뷰에서 "내가 하고 싶은 골프를 잘하는데다 돈까지 벌고 있으니 행복하다."고 말했는데 부러운 일이 아닐 수 없다. 잘하는 일, 하고 싶은 일을 하는 데 돈과 연결이 안 되어 힘든 경우도 많기 때문이다. 그렇더라도 하고 싶은 일을 잘해 의미있는 족적을 남기는 발판은 남이 아닌 내가 만들어야 한다.

지금 나한테 익숙한 것이 반드시 내가 잘하는 것일까? 한 번쯤 자신에게 질문해 보라. 내안에 무궁무진한 가능성이 있다는 사실을 인정하고 나를 탐색해 보라.

:: 성공으로 가는 몇 가지 법칙

예전에 '성공의 두 가지 법칙'이라는 제목의 칼럼을 쓴 적이 있다. 마침 21세기북스에서 자기계발서를 써 볼 생각이 있느냐는 의사를 타진해 왔을 때여서 그간 내가 만난 분들을 떠올려 봤더니 그들의 성공 비결이 딱 두 가지로 정리되었다. 그들은 자신이 잘하는 분야에 투신했고, 어떠한 역경에도 굴하지 않고 최선의 노력을 기울였다. 그 칼럼 가운데 일부이다.

성공하고 싶다면 우선 자신이 잘하는 분야로 진입해야 한다. 무작정 되고 싶은 것이 아닌, 자신의 적성과 특기를 찾아내는 게 첫 번째 관문이다. 반드시 이루고 싶은 게 있어도 안정된 현실을 박차고 나가려면 대단한 용기가 필요하다. 내가 만난 성공한 이들은 이 부분에서 남들과 달랐다. 불확실한 미래에 대한 두려움을 떨치고 굶어죽을 각오로 자신의 목표를 향해 달려 나갔다. 생활이 될지 안 될지도 모르는 상황에서 글이나 그림, 새로 개발한 발명품, 작은 가게를 선택했다. 모험을 해야만 성공에 도달할 수 있으니 삶은 잔인한 것이다.

힘든 결정을 한 이들의 다음 단계는 죽을힘을 다해 파고드는 것이었다. 성공한 이들은 "내가 잘하는 분야에 인생을 걸었는데 성공하지 않으면 그게 더 이상하지 않은가."라고 말했다. 성공에는 부록처럼 신화가 따라다닌다. 약속이나 한 듯 사업가는 재기하기 힘들 정도의 실패를, 예술가는 끼니를 걱정해야 할 정도의 가난을 통과했다. 역경을 딛고 일어서야 성공을 만날 수 있다는 결론이다.

내가 만난 성공한 이들의 공통점을 곰곰이 생각해 보았다. 첫째 그들은 철저한 준비를 했다. 일례로 대부분 영어를 잘했다. 20년 전에 만난 6,70대면 현재 8,90대인데 이 분들이 영어를 능통하게 구사했다. 영문과 출신도 아니고 해외 유학을 다녀오지 않았어도, 고졸 출신도, 영어를 유창하게 구사했다. 글로벌 시대가 다가오고, 영어가 꼭 필요하다는 것을 감지하고 열심히 한 덕분이다. 모든 언어는 하루에 두 시간씩 2년만 공부하면 정복할 수 있다고 한다. 대개 그 나이대의 분들은 일본어까지 잘해 3개 국어에 능통했다.

둘째 건강 관리에 철저했다. 일단 담배를 피우지 않는 분의 비율이 훨씬 높았고, 술도 적게 마시려고 노력했다. 가볍게 와인 한두 잔으로 그치는 경우가 대부분이었다. 술 담배를 금하면 다소 과로를 하더라고 쉽게 회복할 수 있어 일을 그만큼 더 할 수 있다. 어쨌든 금주와 금연은 가능한 한 빨리 시행하는 게 좋다.

셋째 화목한 가정과 원만한 인간관계를 맺고 있다. 성공한 이들 중에서 이혼 문제로 골머리를 앓는 경우는 드물었다. 요즘 이혼율이 높아졌고, '돌싱'들도 얼마든지 새로운 파트너를 만나 멋진 가정을 이루지만 가정 문제는 원만할수록 좋다. 한창 일할 나이에 이혼 문제로 에너지를 소비하면 그만큼 누수가 크기 때문이다. 이혼은 죽음 다음으로 스트레스 지수가 높다고 한다. 그렇기 때문에 신중하게 파트너를 선택하고, 결혼한 이후에는 갈등 요인이 생기지 않도록 서로 조심하며 살아야 한다. 가정은 잘만 가동하면 끊임없이 에너지가 생산되는 마법의 공간이다. 결혼 생활이 순탄하지 못하면 에너지는커녕 악취에다 매연까지 겹쳐 일상이 제대로 돌아가지 않는다.

80여 명의 CEO와 오너 경영자를 직접 만난 『월간조선』 정혜연 기자는 성공한 CEO들의 특징은 '자기만의 시간'을 갖는 것이라고 했다. 혼자서 명상이나 등산을 하면서 일의 경중완급(輕重緩急)의 순서를 정하고 드라이빙이나 파워 워킹 등을 하면서 자신을 다잡는다는 것이다. 정 기자가 만난 CEO 가운데 90% 이상은 평균 기상 시간이 새벽 5시로 거의 대부분 '아침형 인간'이었다.

그들은 일에 무섭게 몰입한다는 특징도 갖고 있다. 꿈에서까지 일을 생각할 정도로 일에 빠져서 아이디어를 내고 돌파구를 찾으며 사업을 이끌어왔다. 24시간 일을 생각하니 업무 성과가 높을 수밖에 없다. 또한 그들은 언제 어디서든 부지런히 자신을 갈고 닦는 절차탁마(切磋琢磨)형이다. 자신을 갈고 닦으면서 일에 몰입하고, 언제나 자신을 점검하면 성공에 가까워질 수밖에 없다.

70세 이상 노인 1000여 명의 지혜를 담은 베스트셀러 『내가 알고 있는 걸 당신도 알게 된다면』을 읽었을 때, 내가 만난 70대 이상 어르신들로부터 들은 말씀과 거의 일치한다는 것을 깨달았다. 저자인 코넬대학교의 칼 필레머 교수가 전쟁과 가난을 거친 '인생의 현자'들로부터 들었다는 교훈 가운데 몇 가지를 추려 보았다.

'배우자는 반드시 가치관이 같은 사람을 고르라. 경제적 배경, 종교, 연령대가 비슷한 사람을 만나되 확신이 들지 않으면 결혼하지 말라. 배우자를 변화시키겠다는 생각이야말로 어리석은 결정이다. 결혼은 서로 50%씩 주고받는 게 아니라 100%를 주는 것이라는 사실을 명심하라. 가장 큰 비극은 직업이 자신과 맞지 않는다는 사실을 깨닫는 게 아니라 그럼에도 불구하고 그 직장에 여전히 머물러 있다는 것이다. 처음부터 마음에 드는 일을 하기 힘드니 어떤 상황에서든 가치를 찾되, 기필코 하고 싶은 일을 만나라.'

인생의 현자들은 "평생 자녀와 유대감을 가지려면 아이 때 더 많은 시간을 보내라. 부모와 많은 추억을 공유한 아이는 어른이 되어서도 부모와 늘 함께 한다."며 자식을 편애하지 말라고 당부했다. 또한 조금이라도 젊을 때 몸 관리를 잘해서 건강한 노후를 즐기라고 충고한다. 성인병과 비만, 흡연 등은 노년을 질병 속으로 몰아가니 미리미리 건강에 신경 쓰라는 뜻이다. 그리고 인생은 길지 않으니 무슨 일이든 미루지 말고 즉각 처리하라고 권했다.

후회 없는 삶을 살려면 "언제나 정직하라. 배우자에 대한 정조의 의무를 지키고 여행을 많이 하라. 사과의 꽃다발은 바로 보내고 사랑한다는 말도 아끼지 말라. 이미 저지른 실수를 곱씹거나 지난 일에 대한 죄책감에서도 벗어나라."는 게 현자들의 충고이다.

무엇보다도 "걱정하지 말라."는 것이 현자들의 당부이다. 이미 일어난 일은 바꿀 수 없고, 앞으로 일어날 일은 자기 힘으로 어찌할 수 없기 때문이다. "행복하고 의미 있는 삶을 위해 종교나 영적인 삶에 관심을 가져라. 종교 생활을 통해 구원을 받고 공동체 안에서 서로 교류하며 도움을 받을 수 있다."고 말하는 현자들이 살면서 터득한 가장 중요한 교훈으로 '남에게 대접받고자 하는 대로 남을 대접하라'는 '황금률'을 꼽았다. 현자들은 마지막으로 행복은 '선택'하는 사람에게 주어진다고 강조했다.

:: 기본기를 다져라

얼마 전 책장 정리를 하다가 1999년 8월에 발행한 『월간조선』 부록인 '주식투자 가이드'를 발견했다. 1999년에는 잡지들마다 밀레니엄을 앞두고 다양한 기획을 선보였다. 특히 IT 업체의 주가 폭등으로 주식 부자가 크게 늘면서 주식 관련 기사들이 쏟아져 나왔다. 시류에 영합하기보다 한 발 뒤에서 사회를 분석하는 보수적인 시사월간지들도 주식 관련 기사를 내놓기 시작했다. 『월간조선』도 200p짜리 부록을 만들었고 나는 '세 명의 주식투자 성공자 인터뷰', '증권용어해설', '주식격언 정리'까지 세 꼭지를 맡았다.

기자들마다 전문 분야가 있지만 그때그때 주어지는 일도 성실히 해내야 한다. 생소한 분야라면 빠른 시간 내에 공부를 해서 섭렵하는 수밖에 없다. 나에게 생소한 분야의 취재가 주어지면 사전 조사를 많이 해 기사를 썼고, 그런 과정을 통해 본의 아니게 공부를 많이 했다. 실로 다양한 분야를 넘나들며 취재를 했고, 그 경험은 나에게 좋은 자양분이 되었다. 주식 역시 전혀 모르는 분야였지만 1999년에 첫 취재를 한 이래 지속적으로 주식 관련 기사를 써서 이제 '웬만큼 알아듣는 수준'이 되었다.

세월의 때가 묻은 누런 '주식투자 가이드'를 들춰 보며 고수는 결국 시간이 증명해 준다는 사실을 새삼 확인했다. 당시 취재했던 개인투자자 세 사람 가운데 한 명인 A는 소식을 알 수 없고,

B는 활동을 하긴 하지만 영향력이 미미하며, 한 명은 자산운용사 회장이 되었다. 결론적으로 이 세 사람의 승패는 '기초를 얼마나 잘 쌓았는가'에서 갈라졌다.

석 달 만에 1억으로 17억 원을 벌어 책을 낸 A는 14년간 다섯 번이나 처절한 패배를 거듭한 부동산중개업소 주인이다. 1998년에 남은 돈에다 신용대출 받은 돈까지 합쳐 증권주를 산 것이 대박을 터트렸다. 증시가 활성화 할 것으로 확신하고 산 종목이 적중했는데 A는 자신의 성공 비결을 IMF라는 특수 상황과 14년간의 실패에서 얻은 산 경험 덕분이라고 했다.

고졸인 A는 초기에 객장에서 남이 하는 얘기를 듣고 무작정 주식을 사는 스타일이었다. 몇 차례 실패 후 세 종류의 경제신문과 일간신문을 꼼꼼히 읽고 증권 회사에서 보내주는 투자 전략을 참고했다. A는 경제학자나 증권전문가들이 예측한 것 중에도 틀린 것이 많았다며 주식 투자는 자신이 공부해서 스스로 판단해야 한다고 강조했다. A는 자신이 여기저기서 수집한 정보에다 실패로 인해 얻어진 감(感)이 무엇보다도 중요한 판단 기준이라고 했다.

B는 요즘도 가끔 언론에 얼굴을 내밀지만 활동이 그리 활발하진 않다. 그는 1999년에 모 증권사가 주최한 1회 수익률 게임에서 7,000만 원을 투자해 15억 원을 벌어 일약 언론의 주목을 받았다. B는 회사에 다니면서 주식 투자를 했다가 1억5,000만 원을 빚지게 되자 퇴직하고 1년여 동안 주식 공부를 하여 수익률 게임에 도전, 대박을 터트린 것이다.

B의 강점은 회사에서 예산 과장으로 근무하면서 실물 경제 감각을 익힌데다 1년간 공부할 때 증권 회사에서 발행하는 정보지를 빠짐없이 읽고 일간지 경제 관련 기사를 섭렵한 것이다. B는 다시 주식 투자를 할 때 '5일 이동평균선'의 신봉하게 되었다. 그래프는 거짓말을 하지 않는다고 확신한 그는 주식 투자를 하려면 반드시 그래프를 읽을 줄 알아야 한다고 충고했다. A와 B는 주식의 비전문가면서 감과 그래프를 신봉하되 자신들이 개발한 나름의 방식대로 주식 공부를 했다. 또한 IMF 당시의 특수한 증권 시장 상황과 맞물려 큰 수익을 내면서 스포트라이트를 받았다.

또 한 사람은 에셋플러스 투자자문 강방천 전무였다. 1999년 1월, '1억 원으로 53억 원을 번 사나이'로 신문에 소개된 그는 국내 유수의 증권 회사 정통 펀드매니저 출신으로 철저한 가치 투자로 수익을 냈다. 그는 초창기 브로커로 일할 때 회사에서 가장 늦게 퇴근하는 인물이었다. 회계학을 다시 꼼꼼히 공부하며 주식을 하나하나 살펴보기 위해서였다. 공부하지 않는 것은 '나무 아래서 감이 떨어지기를 기다리는 일과 같다'는 것이 그의 생각이었다. 대학 때 회계학이 가장 재미있었다는데, 잘하는 데 미치는 것이 성공의 비결임을 새삼 깨닫게 해주는 대목이다. 강전무는 대학 때 회계학을 가르친 교수를 회사의 고문으로 모셨다.

기초를 단단히 쌓은 그가 높은 수익률을 내자 회사에서 고유 자산 운용을 맡겼다. 본사로 옮긴 이후에도 그는 밤 10시 이전에 퇴근한 적이 없다. 밤늦게까지 '상장회사 핸드북'을 닳도록 읽으면서 기업들을 파악했다. 얼마나 열심히 읽었던지 나중에 그 책에 등장하는 회사의 현황과 재무제표를 안 보고도 다 외울 정도였다. 그렇게 공부하면서 보낸 5년이 그에게 아주 귀중한 자산이 되었다. 그는 직접 고객들의 자산을 운용하고 싶은 마음에서 1995년에 회사를 그만두고 개미투자로 엄청난 돈을 벌었고 1999년 초에 에셋플러스 투자자문사를 설립했다.

1999년 8월호 부록에 세 사람의 기사가 나간 뒤 편집장이 강방천 전무를 다시 취재하라고 지시했다. 월간지에서 한 번 기사가 나간 인물을 단 기간 내에 다시 취재하는 일은 극히 드문 케이스이다. 편집장은 한 눈에 강방천 전무가 고수가 될 걸 알았던 것이다. 그래서 불과 2개월 만인 10월에 심층취재를 하여 130매(200자 원고지 기준)를 다시 실었다. 심도 있는 인터뷰를 하면서 그가 애초에 투자한 1억 원이 156억 원으로 불어난 사실을 알게 되었다. 그래서 한동안 강방천 씨 이름 앞에 우리가 제목으로 뽑은 '1억으로 156억 원을 번 사나이' 라는 수식어가 따라 다녔다.

투자자문사로 출발한 에셋플러스는 2008년에 자산운용사로 전환했고 강방전 전무는 이때부터 회장 직함을 쓰기 시작했다. 투자자문사일 때는 2억 원 이상의 투자자만 참여할 수 있었으나 자산운용사로 전환하면서 공모 펀드를 출시해 소액 투자자들도 에셋플러스의 문을 두드리고 있다. 현재 에셋플러스자산운용은 1조가 넘는 자산을 운용하고 있다. 강방천 회장은 펀드매니저들에게 늘 이렇게 강조한다.

"1년 동안 죽어라 파면 5년을 먹고 산다. 3년을 죽어라 파면 10년을 먹고 산다. 5년을 죽어라 파면 평생 먹고 산다. 이것이 진리다."

강방천 회장은 2013년에 발간된 『세계 최고의 투자자 99명(THE WORLD'S 99 GREATEST INVESTORS)』이라는 책에 한국인으로는 유일하게 수록된 주식전문가이다. 스웨덴 저널리스트 겸 헤지펀드 운용사 CEO인 매그너스(Magnus Angenfelt)가 쓴 이 책에는 사망한 사람까지 포함하여 세계적인 주식전문가 99명의 성공 비밀이 담겨있다. 워렌 버핏(Warren Buffett), 피터 린치(Peter Lynch), 조지 소로스(George Soros) 등이 선정되었으며 아시아인은 강방천 회장 등 11명이 등재되었다.

강 회장은 지금도 경제 전문 기자들이 가장 만나고 싶어 하는 '주식전문가'이다. 사소한 전망보다는 패러다임이 바뀌거나 세계 경제가 휘청일 때면 어김없이 강 회장의 전망이 신문지상에 등장한다. 하지만 A와 B의 이름은 흔적 없이 사라졌다. 물샐틈없는 이론과 실전으로 확실한 실적을 내고 있기에 강방천 회장은 주식도사, 주식고수로 불리는 것이다.

세계가 인정하는 주식전문가가 된 비결은 자신이 잘하는 분야를 선택해 기초를 튼튼히 쌓은 데 있었다. 선천적으로 비상한 머리를 타고 태어났다 하더라도 노력하지 않으면 좋은 결과를 기대하기 어렵다. 자신이 잘하는 분야에서 기초를 튼튼히 다지면 만족할만한 성과를 얻을 것이다.

:: 과감하게 도약하라

1994년부터 시사잡지에 기고를 시작했는데 인터뷰 대상의 90%가 성공한 남성들이었다. 예전에는 여성들이 교육받기 쉽지 않았던데다 그나마 공부한 여성들은 극히 한정된 분야에서 일했기 때문에 우리 사회 최상층으로 도약한 여성의 숫자가 적을 수밖에 없었다.

사정이 이렇다 보니 간혹 여자 취재원을 만나면 반갑기 그지없다. 가천의과학대학교 길병원 설립자 이길여 회장, 경인여자대학교 김길자 명예총장이 기억에 남는다. 그 외에도 몇 분의 여성 정치인과 사업가를 인터뷰했는데 현재 다 현직에서 물러난 상태이다. 그 가운데 일부는 유감스럽게도 퇴진 과정이 순조롭지 못했다.

2002년에 대선 후보 부인들을 인터뷰하기 위해 한인옥 여사, 김영명 여사, 권양숙 여사에게 만남을 요청했을 때 김영명 여사 쪽에서는 바로 응하겠다는 연락이 왔다. 하지만 한인옥 여사 비서는 몇 번이나 약속 시간을 뒤로 미루면서 해 줄 듯 말 듯하다가 결국 무산시켰다. 결국 권양숙 여사 측에는 요청도 하지 못했다.

박근혜 대통령은 한나라당 대표최고위원 시절에 만난 적이 있다. 당시 몇몇 여성 정치인들을 묶어 차세대 유력 인사로 조명하는 기사가 인기 있었다. 몇몇 의원을 섭외하기로 하고 먼저 박근혜 의원을 만나 인터뷰를 했는데, 야당 의원들이 섭외가 안 되어 결국 기사를 쓰지 못했다. 또한 『월간조선』에 '한국의 여자 목사' 시리즈를 연재하다가 세 번 만에 중단되고 말았다.

여성들은 섭외가 잘 안 되는데다 대안이 없다는 게 문제였다. 시사잡지 특성상 남성들과 대등하거나 앞선 사람들이 인터뷰 대상인데 두드러진 사람이 많지 않으니 취재 자체가 어려웠다.

가천길재단 이길여 회장은 바쁜 가운데서도 시원하게 인터뷰에 응해 주었다. 이 회장은 서울대 의대를 졸업하고 26세 때 친구와 함께 동인천에서 산부인과 병원을 개업했다. 그로부터 10년마다 두 차례의 과감한 결단과 도약을 통해 오늘날의 성공을 이루었다.

병원을 개업하고 잠을 잘 틈이 없을 정도로 환자들이 몰렸으나 32세에 미국 뉴욕으로 떠나 메리 이매큘럿 병원과 퀸즈 종합병원에서 인턴과 레지던트 과정 4년을 마치고 36세에 돌아왔다. 귀국하자마자 지하 1층, 지상 9층의 건물을 지어 이길여 산부인과를 개업했다. 미국 유학을 다녀온 여자 의사의 산부인과에 환자가 몰려들었다. 하지만 그녀는 거기서 머물지 않고 다시 일본 유학을 떠나 병리학 박사 학위를 받고 돌아왔다.

46세에 그녀는 개인 병원이 아닌 의료법인 설립을 추진했다. 주변에서는 힘들게 일군 재산을 왜 법인에 귀속시키느냐며 반대했지만 그녀는 더 많은 환자를 치료하기 위해 종합병원을 개설하겠다는 의지를 굽히지 않았다.

10년마다 자신을 업그레이드 하면서 뜻을 바르게 세운 결과 개인병원이 아닌 길병원을 세우게 되었고 세계적인 규모의 뇌건강센터와 암센터, 가천대학교 등 교육기관으로 퍼져나간 것이다.

가천길재단 이길여 회장을 인터뷰하면서 지금까지 해온 일 가운데 실패했거나 마음에 안 든 일이 있었느냐고 묻자 그녀는 "그런 일은 없다."며 이렇게 답했다.

"인간이 할 수 있는 거라면 어떻게든 해야겠다, 이렇게 마음먹으면 안 되는 일이 없어요. '남이 하는 걸 나는 왜 못해' 그렇게 생각하는 거죠. 어디든 반드시 1등짜리가 있어요. '왜 2등을 해, 1등을 해야지' 난 그렇게 생각해요. 무슨 일이든 최선의 노력을 하면 돼요. 예전에 나폴레옹이 네 시간 잔다는 게 화젯거리였는데 그게 뭐 대단해요. 당연한 거지. 나는 네 시간 자면 많이 잔 거였어요."

필요할 때 재충전을 하면서 새로운 구상을 하고, 그 구상을 실현하는 것은 고수에게 꼭 필요한 일이다. 잠시 움츠린 개구리가 훨씬 멀리 뛴다. 무작정 앞만 보고 달릴 게 아니라 적당한 시기에 도약의 발판을 마련해야 한다. 이길여 회장이 오늘도 건재한 이유는 10년마다 미래를 위해 투자했기 때문이다.

경인여자대학교 김길자 명예총장은 뒤늦게 육영사업에 뛰어든 분이다. 고등학교를 졸업하자마자 결혼한 그녀는 1972년에 100평이 넘는 멋진 양옥에 살면서 자가용을 타고 다닌 '부러운 사모님'이었다.

1988년, 그녀와 남편은 다른 삶을 살기로 결심했다. 당시 태양철관공업과 백일산업 대표였던 경인여대 백창기 현 이사장과 재산을 어떻게 할 것인지 진지하게 의논했다. 세 자녀에게 아파트를 한 채씩 준 뒤 "더 이상의 유산 상속은 없다."고 못 박은 부부는 육영사업을 하기로 결정했다. 그녀의 나이 41세 때였다. 뒤늦게 박사 학위까지 받은 그녀는 학교 설립을 결심한 후 재산을 정리해 200억 원을 마련했다. 친정어머니가 돌아가시면서 남긴 10억 원도 함께 출연해 '젊은 여성을 교육시키면 남편과 자녀가 바른 길로 가게 된다'는 생각에서 여자대학 설립을 결정했다.

워낙 철저히 준비한 덕에 1992년 개교한 뒤 1년 동안 아무 것도 새로 산 게 없을 정도라고 한다. 나중에 시스템화를 위해 미국에서 주전산기를 들여왔고, 이후 100억 원을 더 들여 체육관까지 지었다. 순탄하게 발전하던 학교를 7년간 불순 세력에게 빼앗긴 적도 있지만 부단히 노력하여 되찾았다. 요즘 경력이 단절된 여성(경단녀)들의 사회 복귀가 활발하다고 한다. 아예 경력이 없었던 김길자 명예총장은 숭고한 판단으로 홈런을 쳤다.

숨 가쁘게 하루하루 사는 것에 그치지 말고 도약해야 할 때라고 판단되면 바로 행장을 꾸리라. 새로운 전기를 마련하기 위해 꼭 필요한 행보라면 과감히 내디뎌야 한다. 내가 잘하는 분야, 하고 싶은 일을 향해.

:: 두각을 나타내는 여성들

요즘 남성들의 권익이 무시된다는 목소리가 높다. '여성가족부는 있는데, 남성가족부는 없으며 여자대학은 있지만 남자만 들어가는 대학은 없다, 사관학교까지 뚫렸다'는 둥 남성들의 불만이 높다. 코미디프로그램에서도 남성들의 수난(?)을 다룬 개그가 인기를 끈다. 남녀공학 학교의 남학생들은 여학생들이 너무 열심히 해서 성적을 못 올리겠다고 아우성이다.

정작 여성들은 여성들의 힘이 커졌다는 소리에 별로 체감이 안된다고 말한다. 김정숙 전 의원이 22대 걸스카우트 연맹 총재를 지낼 때 인터뷰를 갔더니 "그런 인상을 받는 필드가 있어서 그걸 일반화 시키는 거다. 여자들의 시험 합격률이 높으면 온 동네가 난리다. 요즘 들어서 여성들의 사법시험 합격률이 높아졌지 몇 년 전까지는 그렇지 않았다. 부장판사나 대법관 중에 여성이 얼마나 되나? 여자가 없던 분야에 몇 명 나타나면 여자가 다 차지한 것처럼 대서특필하고 엄살을 부린다. 여성이 모든 분야에 50%가 될 때까지는 아무 소리 말고 전진해야 한다. 국민의 절반이 여성이다."라고 강변했다.

중앙공무원연수원에서 1,2급 대상 고위정책과정에 강의하러 갔을 때 수강생 60여 명 가운데 여자는 다섯 명 안팎이었다. 5급 승진자 과정에도 여자 공무원의 숫자가 훨씬 적었다. 그렇다고 6급도 여자가 많은 건 아니었다. 인천시 인재개발원에서 핵심중견간부 양성과정 강의를 두 번 했는데 대상이 6급 공무원이었다. 그 클래

스도 남자가 훨씬 많았다.

요즘 5급 공무원이나 사법시험 합격생들의 절반은 여성이라고 한다. 얼마 후면 확실히 달라질지 모르지만 김정숙 전 의원 말대로 여전히 우리 사회 지도층에서 여성의 숫자가 절대적으로 적은 편이다.

1992년 태평양화학(현 아모레퍼시픽)에서 발간했던 『향장』에 '남성벽을 허문 여성들'이라는 꼭지를 맡아 기고한 적이 있다. 당시 취재대상이었던 여성은 타워크레인 기사, 버스 기사, 법무사, 씨름심판, 타일기능공, 집배원, 축구선수, 청원경찰, 사격감독, 여성동장, 국립과학수사연구소 보건연구사, 항공탑재관리사, 소방설비기사, 아파트관리소장, 변리사, 철인3종경기 선수, 건축사, 조명기사, 한강유람선 선장, 스턴트우먼, 자동차정비사, 고압가스기능사, 카레이서 등이었다. 지금 보니 격세지감이 느껴진다.

『월간조선』 2002년 8월호에 '여성파워가 밀려온다'는 제목의 기사를 쓸 때는 여성 파워가 폭발적으로 커지고 있다는 데 초점을 맞춰 수치를 제시하면서 여러 분야를 조명했다. 당시 새로 여성이 진입한 분야는 '여성 세무서장, 여성 경찰총경, 여성 구청장, 여성 장군, 여성 법조인, 건설인력, 여성 건축가, 해외여행객 휴대품 검사직, 애널리스트' 등이었다.

당시 '여성들의 진출이 제대로 이뤄지지 않은 사각지대'로 대학교수와 정치인을 거론했는데 여성대통령이 나온 마당이니 여성 정치인의 숫자가 적더라도 정치 쪽은 제외해야 하는 걸까? 어쨌든 여성이 진출했다는 것 자체만으로 뉴스가 되었던 직종에서 여성근

무자를 찾기가 어렵지 않은 시대가 되었다.

　내가 취재 현장에서 느끼는 바, 여성 진출이 가장 더딘 분야는 기독교의 목사직이다. 예전에 우리나라 대형교회 유명 목사 시리즈를 취재한 적이 있었던지라 연장선상에서 여성 목회자 시리즈를 기획했다. 대한민국에 5만여 개의 교회와 10만여 명의 목회자가 있다고 하는데 취재 대상이 될 만한 여자 목사는 많지 않았다. 기독교 취재를 전문으로 하는 국민일보 종교부 기자들에게 문의하고 CTS, CBS, GOOD TV, CGN 등 기독교 4대 TV와 극동방송에 출연하는 여자 목사들의 목록을 참고하여 취재 대상을 찾은 결과 10명이 넘지 않았다. 남자 목사들과 대등한 목회를 하면서 어느 정도 규모가 있는 교회를 대상으로 했기 때문이다.

　2011년 말에 '한국의 여성 목회자 시리즈'를 시작했으나 세 번 만에 중단되고 말았다. 한중사랑교회 서영희 목사, 분당흰돌교회 이재희 목사, 대학연합교회 김형민 목사까지 인터뷰한 뒤 더 이상 섭외가 안 되었다. 취재 대상이었던 다섯 개 교회 담당자들과 통화도 하고 메일도 보냈지만 모두 취재를 거절했다. 취재 날짜까지 잡았다가 취소한 교회도 있었다. 어떤 교회는 담임목사가 직접 전화를 걸어와 취재에 응하지 못하는 이유를 설명해 주었는데 아마도 다른 여성 목사들의 심정도 비슷하리라는 생각이 들었다.

　"아직 내가 많이 부족하다. 너무 드러나는 게 부담이 된다. 뛰면 견제를 많이 받는다. 아직 여자 목사들이 자신을 드러낼 풍토가 아니다."

여러 차례 요청했지만 결국 더 이상 섭외가 안 되어 시리즈를 중단했다.

"여성 목사 시리즈에 끼고 싶지 않다. 여성 목사를 따로 분류해서 취재하는 방식이 마음에 들지 않는다."

이런 이유로 취재를 거절한 여성 목사도 있었다. 나의 섭외력이 부족해서 시리즈를 이어가지 못했으니 변명의 여지는 없지만, 굳이 이유를 찾자면 대안이 없었기 때문이다. 예전에 대형교회를 취재할 때도 몇 개의 교회가 거절을 했지만 얼마든지 시리즈 취지에 맞는 교회를 찾을 수 있었다. 하지만 여성 목회자 시리즈는 한두 번 거절을 당하자 취재를 이어가기 힘들었다. 여성 목회자 숫자 자체가 적은데다, 그 적은 숫자 가운데서 취재 요건에 맞는 목사를 찾기 어려웠기 때문이다. 내 계획은 10명 정도 인터뷰를 한 뒤 보강 취재를 하여 단행본을 낼 계획이었는데 뜻을 이루지 못했다.

여성의 진입이 쉽지 않은 분야에서 활약하는 여성들은 대개 뛰어난 성과를 보인다. 이유가 뭘까. 가부장적인 사회에서 어머니는 엄격한 아버지와 아이들을 연결하여 가정의 활력을 불어넣었다. 강약을 조절하면서 사랑을 베푸는 여성 리더십이 사회 속에서 빛을 발하며 윤활유 역할까지 하고 있다. 21세기를 이끌어갈 자원은 여성이라는 말에 전적으로 동의한다.

두각을 나타내는 여성들을 소개하고 싶은 욕심이 있었으나 마무리를 못해 아쉬움이 남는다. 여성 진출이 더 이상 화제가 되지 않는 세상, 그날이 올 때까지 여성들은 기필코 열심히 달릴 것이다. 여성들이 잘하는 것을 묻어두어야 했던 시절은 이제 지나갔다.

:: 많이 읽고 많이 들어라

봄에 씨앗을 뿌려 가을에 열매를 맺는 것이 자연의 이치다. 사람은 20대 초중반까지 부지런히 씨앗 뿌리는 작업을 한다. 20대 이전부터, 혹은 바로 20대부터 열매를 맺는 이들이 있다. 초반에 좋은 성과를 내는 건 축하할 만한 일이지만, 조기 성공은 좀 더 지켜봐야 한다. 부침을 겪는 동안 단단해지면서 시간이 갈수록 더 좋은 성과를 내야 진정한 승자라고 할 수 있다. 특히 슬럼프에 어떻게 대처하는가에 따라 인생이 달라진다.

늦어도 40대가 지나면서부터 성과가 슬슬 나타나야 한다. 물론 훨씬 더 시간이 지난 뒤 실한 열매를 맺기도 하지만 집중력을 발휘한다면 인생의 중반기부터 결과가 나오기 시작한다.

놀라운 집중력으로 큰 성과를 올리는 이들을 어렵지 않게 만날 수 있다. 동화를 200권 이상 써서 300만 권 넘는 판매 부수를 기록한 고정욱 작가는 원래 소설로 등단했다. 나보다 1년 먼저 문화일보에 당선된 그와 동인을 결성해 동인지를 여러 권 냈다. 고정욱 작가는 등단 이듬해 발표한 장편 소설 『원균 그리고 원균』이 좋은 반응을 얻자 계속 소설을 쓸 계획이었다. 그런데 1990년대 후반쯤 어린이 출판사에서 시중에 나와 있는 단편 동화 가운데 좋은 작품을 엄선하여 3권으로 묶을 예정이니 선별을 해달라는 부탁을 해왔다. 그 일을 하느라 여러 권의 동화책을 읽은 고 작가는 동화를 써야겠다는 결심을 했다. 그해 여름 문학 박사이면서 소설가인 그는 따로 동화작법 공부를 하기보다 동화를 많이 읽기로 결심했다.

강의를 하러 가서 청중들에게 "내가 아는 소설가가 동화공부를 하기 위해 동화책을 많이 읽고 큰 성과를 냈는데 몇 권이나 읽었을까요?"라고 질문하면 대개 100권, 200권, 500권이라고 말한다. 정답은 2,000권이다. 고정욱 작가는 그해 여름 동화책 2,000권을 읽고 나자 눈이 밝아지면서 이야기가 마구 떠올랐다고 한다. 그래서 쓴 『아주 특별한 우리형』, 『안내견 탄실이』, 『가방 들어주는 아이』, 『네 손가락의 희아』 등 많은 작품이 공전의 히트를 쳤다. 고정욱 작가의 작품 주인공은 거의 대부분 장애인이다. 자신이 휠체어를 타고 다니는 1급 장애인이어서 누구보다 장애인들의 사정을 잘 알기 때문이다. 자신이 가장 잘 아는 분야를 공략하는 것이 성과를 내는 지름길이다.

고정욱 작가는 농담처럼 "우리나라 통장은 왜 이렇게 얇아. 인세 들어오는 시즌에는 금방 가득 차잖아. 통장을 단행본처럼 두껍게 만들어야지. 지갑은 왜 이렇게 잘 터져. 좀 튼튼하게 만들지. 돈 세는 기계를 사야겠어."라고 말하는데, 300만 권 이상 판 작가이니 결코 농담이 아닌 것이다.

언제나 밝은 고 작가를 볼 때면 장애인이라는 생각을 까먹을 정도인데 2009년 문화일보 동인지에 실린 「나의 두 다리」라는 단편소설을 읽고 숙연해졌다. 저린 다리와 무릎의 굳은살, 살이 없는 엉덩이, 계속 굽고 있는 척추 등을 소재로 쓴 소설을 읽는 동안 가슴이 저릿했다. 그의 동화와 소설은 신체적인 악조건과 튼튼한 정신력, 성실성에서 나오는 게 분명하다.

열심히 들어서 성공에 이른 이도 있다. 3만여 명의 삼성생명 재무설계사 가운데 수입 1,2위를 다투는 삼성생명 배양숙 FC 상무의 연봉은 오래전에 10억 원을 넘겼다. 그녀의 주요 고객은 우리나라 100대 기업 CEO들이다. 고졸인 그녀가 어떻게 해외 MBA를 마친 VVIP를 상대로 경영 코치를 할까.

그녀는 애초에 삼성생명 공채 고졸사원으로 입사해 사무직으로 근무하다가 1996년에 노력과 능력만큼 보상받는 보험설계사로 보직을 변경했다. 연고가 전혀 없는 경주에서 보험 영업을 시작한 그녀는 첫 달에 대구 경북지역 사업부 '신인여왕' 자리에 올랐다. 2001년에 부산으로 활동지를 옮긴 이후 그녀는 매출 몇 천억부터 조 단위 기업가의 재무 설계를 해주는 재정전문가로 부상했다.

비결은 끊임없는 공부였다. 비행기를 타고 서울을 오르내리면서 증권사와 은행에서 개설한 다양한 금융세미나를 들었다. 그녀는 한번 서울에 오면 1만 원짜리부터 5만 원짜리 강의를 10~15개씩 들었다. "회사마다 자사 상품 홍보를 하는데 도입부는 대개 거시경제를 얘기한다. 여러 강의를 분석하다 보니 일관되게 주장하는 내용을 파악할 수 있었다. 그게 바로 핵심 정보다."라고 말하는 그녀는 강의장에서 친분을 익힌 금융권 리더들과 경영학과 교수들도 부지런히 만났다. 그들은 열정적으로 공부하는 그녀에게 고급 정보를 귀띔해 주었다. 새로운 이론이나 새로운 정보가 있을 때면 여러 채널을 통해 검열을 한 뒤 정리를 하여 고객들에게 보냈다. 새롭고 정확한 정보와 유용한 지식을 계속 받아본 클라이언트들의 마음이 움직이기 시작하면서 그녀의 신화가 시작되었다.

그녀는 이에 만족하지 않고 2004년 브라이언 트레이시(Brian Tracy)의 동기부여 세미나를 수료하고 세계지식포럼과 스위스 다보스포럼(Davos Forum) 등 세계적인 행사에 부지런히 다녔다. 2006년에는 3박4일 일정에 수업료가 300만원이 넘는 세계지식포럼 강의를 신청했다. 글로벌 종합광고회사 오길비앤매더(Ogilvy & Mather)의 CEO 셸리 라자루스(Shelly Lazarus)의 강의를 듣는 내내 그녀의 가슴이 뛰었다. "세계 석학들이 한 자리에 모여 지식을 전수한다는 소식에 첫 번째로 등록했더니 주최한 신문에서 나에게 인터뷰를 요청했다. 미국에 간다 해도 만날 수 없는 분들을 서울에서 만날 수 있다니 수업료가 비싸다는 생각이 들지 않았다. 현장에 가면 생생한 기운을 느낄 수 있고, 리더들이나 연사들을 만나 대화 나눌 때 배우는 게 많다."는 게 그녀의 답변이다.

세계지식포럼에서 개설한 미국식 재무설계 포트폴리오 강의, 리스크 매니지먼트 강의, MBA 과정 등도 따로 공부했다. 부산대학교 대학원 최고경영자과정, 중앙대학교 경영대학원 보험금융 MBA 과정, 서울대 미래지도자 인문학 과정, 서울대 최고지도자 인문학 과정을 수료하는 등 다방면에 걸친 공부를 했다.

배상무는 요즘 100대 기업 CEO들에게 "당신 회사를 늘 걱정하는 사람이 옆에 있다. 자금스케줄 이동이 있을 때 제안서를 넣어 여러 사람과 경쟁할 수 있게 해 달라."는 바람을 전하고 꾸준히 아이디어를 제공한다. "그 회사의 경영철학, R&D 현황, 10년간 매출과 순이익 등을 보고 '이런 건 귀사에 맞을 것 같고 이렇게 하면 이런 효과가 날 것 같다. 근거는 이렇다'는 걸 써서 보낸다. 보낸 자료를 검증해 주는 과정에서 상대가 나를 파악한다."고 했다. 배양숙 상무가 가장 심혈을 기울이는 분야는 가업승계 부문이다. 상속프로그램을 어떻게 짜느냐에 따라 기업의 명운이 달려있다는 판단 때문이다.

비슷한 분야로 진입하기 위해 2,000권의 책을 읽은 적이 있는가. 하루 종일 강의를 들으며 경제 분석으로 머리가 아파 봤는가. 많이 읽고 많이 듣는 사람을 이기기는 힘들다. 새로운 일을 시작할 계획이라면 많이 읽고 많이 들으라. 그러면 성공에 한 걸음 가까이 다가가게 될 것이다.

현대그룹의 정주영 회장은 안 된다는 사람들에게 "해 보기는 해 봤어?"라고 물었다고 한다. 자신에게 물어보라.

"해 보기는 해 봤어?"

:: 급하게 먹으면 체한다

'자고 나니 유명해졌더라.'

누구나 꿈꾸는 일이다. 연예인이나 스포츠스타는 말할 것도 없고, 저자들도 하루 빨리 이름이 알려지길 기대한다. 20대 청춘스타들은 그야말로 '자고 나니 유명해졌더라'는 케이스에 해당하는 경우가 많다. 하지만 웬만한 유명인들은 오랜 기간 무명 생활을 거치면서 고난을 겪고 나서야 빛을 보는 경우가 대부분이다.

청춘스타도 아니고, 무명 생활을 거치면서 바닥을 다진 것도 아닌데 비교적 짧은 시간에 주목받는 경우도 있다. 내가 지켜본 바로 가장 빠른 길은 독설가가 되는 것이다. 방법은 이미 정형화되어 있다. 유명인이나 유명집단을 향해 비난하는 독설을 날리거나 핫이슈를 계속 부풀리면 하루아침에 유명해질 수 있다. 느닷없이 수면 위로 떠올라서 각광받는 사람들은 대개 그런 케이스이다. 단, 간이 툭 떨어질 정도로 과격한 표현을 사용하여 공격해야 한다. 물론 남들의 역공격을 맞받아칠 수 있을 정도의 전문성과 실력, 강심장을 갖추고 있어야 한다. 우리 사회가 인정하는 여러 요건을 갖추고 있다면 명사로 떠올라 빠른 시간 안에 제도권으로 진입할 수도 있다. 하지만 정치권을 제외한 다른 분야에서는 소위 말하는 일류그룹에 편입되기 힘들다는 단점이 있다.

속도가 빠른 만큼 위험도도 높다. 비난 따위는 아무 상관없는 강심장이라면 탑승할 만하다. 어쨌든 초고속 유명 버스니까. 지치지도 않고 핫이슈를 건드리거나 이 사람 저사람 찔러 대면서 계속 유명세를 쌓아가는 사람들이 이 버스에 탄다.

　문제는 유명해지는 것까진 좋으나 평판이 나빠진다는 점이다. 지지하는 사람들도 있지만 그보다 더 많은 사람들로부터 '인간 취급'을 못 받는다. 지지 댓글 아래로 입에 올리기 힘들 정도의 험한 댓글이 달린다. 또 하나 유명세가 있어도 제도권 안에서 성장하긴 힘들다. 네거티브로 명성을 쌓은 사람에게 중책을 맡기는 건 여러모로 위험부담이 크기 때문이다. 언제 고개를 휙 돌려 물어뜯을지 모를 사람을 과연 누가 기용할까?

　요즘 종편과 케이블TV가 늘어나면서 꼭 그런 것 같지도 않다. 과거 논란의 대상이 되었던 사람이어도 '독한 재능'이 살아 있다면 재기가 가능하다. 빨리 부상하고 싶은 집단에 스카우트되거나 잘 알려지지 않은 대학에 초빙될 수도 있다. 서로 공생할 사안이 있기 때문이다. 결국 정상 진입과는 거리가 있는 개인과 집단의 만남으로 끝날 확률이 높다.

　단, 독설 이상의 것을 하면 안 된다. 도덕적으로 잘못한 사람은 어떤 경우든 기용되기 힘들다. 그리고 국민 정서에 반하는 행동도 안 된다. 국민정서는 다들 아는 군대 문제, 일본 관련 사안, 거짓말, 성 관련 범죄 등등이다.

　SNS 시대가 되면서 독설가들이 초고속으로 유명해질 수 있는 환경이 더욱 견고해졌다. 자고 나니 유명해진 게 아니라 자다가 중간에 깼는데 외국까지 관련 소식이 알려지기도 한다. 초고속으로 떴다가 하루아침에 쓰레기통으로 옮겨져서 '비우기' 당할 위험도 덩달아 커졌지만.

작품이 나올 때마다 명성을 더해 몇 편 만에 정상에 오른다면 그 이상 좋은 일이 없을 것이다. 차근차근 작품을 만들면서 실력도 쌓이고, 명성에 적응해 나갈 수도 있기 때문이다. 20대 때 단 한편으로 천장까지 주가가 치솟는 조기 성공을 했다가 금단현상을 겪는 경우도 많다. 그런가하면 너무 긴 세월 동안 무명 생활을 겪느라 탈진해 결국 기량을 발휘하지 못하고 사라지는 경우도 많다. 지치지 말고 끝까지 버텨서 열매를 맺으면 더할 나위 없이 좋을 것이다.

대기만성형으로 나중에 뜨는 스타들이 많은데 작가들 중에서도 그런 경우가 많다. 소설가들은 본격작가와 대중작가로 나뉘는데 본격작가는 문학 공모를 거쳐 등단을 하고 문학적 품격을 지닌 작품을 쓰는 작가를 말한다. 대중작가는 등단 코스를 거치지 않고 바로 출판을 하는데 대개 스토리만 강조하는 작품을 쓰는 이들이다.

230만 부가 팔린 『가시고기』의 작가 조창인은 대중작가로 분류된다. 등단 코스를 밟지 않고 바로 『가시고기』를 출간해 인지도를 얻었기 때문이다. 하지만 갑자기 뜬 사람들과는 다른, 내공을 충분히 쌓은 인물이다. 그는 중앙대학교 문예창작학과와 동 대학원에서 문학을 제대로 공부했고 유명 잡지에서 10년 이상 기자 생활을 했다. 그런 다음 작가로 나서서 몇 권의 책을 발간한 이후 『가시고기』로 공전의 히트를 친 것이다. 하루아침에 스타 작가가 된 것처럼 보이지만 바닥을 다질 때 눈에 뜨이지 않다가 용수철처럼 튀어 오른 것이다.

오랜 기간 내공을 쌓았기 때문에 밀리언셀러가 나올 수 있었고, 모든 작가의 꿈인 원 소스 멀티 유즈(One source multi use)가 실현되어 『가시고기』는 만화, 동화, 연극, 드라마로 변주된 데다 해외에도 수출되었다. 후속 작품인 『등대지기』도 120만 부가 팔려 단 두 작품으로 300만 부 이상 판매한, 깨기 힘든 기록을 갖게 되었다.

어떤 방식으로든 한 번 떠서 각광받으면 활동하기가 수월하다. 여기 저기 불러 주는 데도 많고, 이슈가 되면 책을 파는 데도 도움이 된다. 하지만 부정적인 이미지로 뜬 사람들은 끝이 좋을 리 없다. 독설로 승승장구하여 정치계에까지 발을 들여놓았다가 쓸쓸히 사라져간 예도 많다.

빨리 갈 수 있는 방법, 순식간에 인기를 끌 수 있는 방법이 있다 하더라도 우리 사회 전체에 예의를 갖추고 사람을 존중하면서 페이스를 유지하는 것이 중요하다. 가끔 실력도 없는 사람이 과대포장으로 툭 튀어 오르는 경우가 있는데 토대가 약하면 오래 못 가고, 여기저기서 흠집을 내면 결국 쓰러지고 만다. 너무 급하게 가기보다 지킬 건 지키면서 정도를 걷는 게 오래 남는 길이다.

:: 정면 돌파를 선택하라

아프리카 케냐 사람들은 남의 물건을 훔치다가 들켜도 별로 미안해하지 않는다고 한다. 차를 태워주면 내릴 때 감사하기보다 점심값 요구하는 걸 당연하게 여길 정도라는 것이다. 식민지 시대 때 서구 열강이 자원을 마구 약탈해가는 걸 보면서 축적된 국민성이라는 분석이다.

우리나라는 세계에서 가장 빨리 성장한 국가이다. 세계 최빈국을 10대 무역국가로 성장시킨 구호는 '빨리빨리'이다. 관청이든 기업이든 개인이든 빠른 성과를 내기 위해 편법을 동원해야 했고, 편법이 드러나지 않도록 마무리를 잘하는 것도 실력으로 인정받았다. 하지만 투명성이 중요한 덕목이 되면서 과거의 찌꺼기들이 인터넷 바다에 둥둥 떠오르고 있다.

압축 성장 속에서 '관행'이었던 사안들이 여러 잡음 속에서 자연스럽게 분류되는 중이다. 위장 전입과 다운 계약서는 대충 용서하는 분위기지만 학력 위조와 논문 표절은 명예와 함께 지위까지 주어지기 때문에 엄격한 기준이 적용된다. 특히 남의 저작물을 훔쳐서 결과물을 얻는 논문 표절은 용인되기 힘든 쪽으로 기울고 있다. 그런데도 유유히 통과하여 높은 자리에 앉는 일도 생기지만.

"바꿀 수 있는 것은 바꾸고, 바꿀 수 없는 것은 받아들이라."
사람은 자신이 바꿀 수 있는 것과 바꿀 수 없는 것을 구별할 줄 알아야 한다.

어떤 분의 남편이 감전 사고로 세상을 떠났다. 그 여성은 살만 해졌을 때 떠난 남편 생각으로 늘 아쉬움과 슬픔에 젖어 지냈다. 그러던 중 다일영성수련원에서 개최한 수련회에 참여해 "남편이 세상을 떠난 것은 바꿀 수 없는 현실입니다. 남편의 죽음을 받아들이고 이제 당신의 삶을 개척하십시오."라는 강사의 가르침에 따라 마음의 응어리를 털어 낼 수 있었다. 그 여성은 남편 이름으로 다일공동체에 성금을 내고, 앞으로 희망차게 살겠다는 결심을 했다. 이미 일어난 일은 바꿀 수 없다. 아무리 걱정해도 죽은 남편이 살아 돌아올 수 없으니, 그 사실을 받아들이고 새로운 환경에 적응해 나가야 한다.

반면 바꿀 수 있는 것은 노력해서 바꾸어 나가야 한다. 잊을 만하면 학력 위조 문제가 불쑥불쑥 고개를 내미는데 학력은 노력 여하에 따라 충분히 바꿀 수 있는 것인 만큼 정면 돌파를 하는 게 낫다. 서울 일성여자중고등학교의 학생들은 대개 50대 이상 되는 분들이다. 60대는 젊은 축이고 70대, 80대 학생도 있다. 자식들 다 키워놓고 뒤늦게 향학열에 불타 중학교와 고등학교 과정을 마치고 대학까지 진학한다. 이 학교는 애초에 야학으로 시작했다가 2001년부터 학력인정 일성여자중고등학교로 개편했는데 그간 6,500명 넘는 분이 정식 중고교 졸업장을 받았다. 책가방에 도시락까지 싸서 매일 등교해 공부하는 어르신들을 생각한다면 밀실에서 학력을 위조하는 부끄러운 짓은 하지 말아야 한다.

거짓말로 쌓은 토대는 기필코 무너진다. 거짓말이나 둘러대기 등 임시방편으로 땜질할 생각 말고 원하는 고지가 있다면 당당히 도전하라. 진심을 갖고 열심히 달리는 이에게 길은 열린다.

유명인들의 논문 표절 문제도 계속 되풀이되고 있다. 잘못을 인정하면서도 "잘 몰랐다."고 말하는 이들도 있는데, 실제로 표절인지 몰랐던 경우도 있다고 본다. 아예 돈을 주고 논문 대필을 시키거나 제자의 성과물을 편취하는 이들과 달리 열심히 쓰고도 표절에 걸려 홍역을 치른 이들도 있다.

심심하면 터지는 논문 표절과 저작권 침해 문제에 대해 더 미루지 말고 기준을 세워야 한다. 표절이 되풀이되는 건 부실한 시스템 때문이다. 논문 표절 사태가 발생하면 논문을 통과시킨 지도교수들도 공동 책임을 지는 제도를 만들어야 한다. 표절은 결국 드러난다는 걸 각인시켜 처음부터 엄두를 내지 못하게 해야 한다.

대학원 첫 학기에 논문 작성 기술과 도덕성 교육을 의무화하는 것도 한 방법이다. 내가 대학원에 입학했을 때 1차 학기 세 과목 중의 하나가 논문 작성법이었다. 깐깐하기로 소문난 교수가 논문에 소홀하기 쉬운 창작 전공자들을 대상으로 강도 높은 수업을 진행했다. 학기 중에 석사 논문 분량의 3분의 1에 해당하는 소논문 과제가 주어졌는데 부호 하나까지 점검받으며 갖은 고생을 했다. 매주 우수 논문과 불량 논문을 산더미처럼 복사해서 검토 분석하고 리포트를 내야 했다. 다른 공부는 아예 할 수 없을 정도로 과제가 많아 "우리가 하버드 다니냐, 소설은 언제 쓰란 말이냐."는 불만이 터져 나오기까지 했다.

당시 논문 수업 때 철저히 교육받은 사안 중의 하나가 '단 한

줄의 정의라도 남의 것은 반드시 출전을 밝혀야 한다'는 점이었다. 그렇게 하려면 자신의 논문 주제와 관련이 있는 모든 논문을 검토해야 한다. 안 그랬다가는 이미 남이 한 말을 자신의 것인 양 사용하게 될 위험이 있다. 논문을 표절한 사람들은 '단 한 줄'이라도 도용하면 안 된다는 원칙을 깡그리 무시한 채 여기저기서 뭉텅뭉텅 잘라 내 짜깁기하고 리서치 자료 도용을 스스럼없이 자행했다. 사실 모르고 했다는 변명도 궁색하다. 석사 학위를 받으려면 그런 정도는 기본적으로 알아야 하기 때문이다.

어쨌거나 논문 표절 사건이 자주 일어나면서 언론과 네티즌들이 나름 잣대를 갖고 심판을 하는 듯하다. 논문 표절을 이용하여 그 사람의 이미지가 고양됐거나, 그 학위가 그 사람을 판단하는 중요한 기준이 된 경우는 질책을 크게 받은 것이 그 증거이다. 예능계 학부 출신이 대학원에서 인문학 학위를 받고 인문학 쪽에서 이름을 날렸을 경우 가차 없이 차가운 심판을 내렸다.

반면 이미 정상에 오른 연예인이 뒤늦게 공부를 하여 논문 표절로 학위를 땄을 경우 비교적 관대했다. 그 논문으로 인해 부가가치를 얻었다고 보지 않기 때문이다.

또 하나 중요하게 생각한 것은 '태도'이다. 논문 표절이 드러났을 때 곧바로 시인하고 사과한 사람에게는 관대했지만, '이 정도는 누구나 하는 거다', '약간 실수했을 뿐이다', '다들 바쁜 학생들이라 논문을 쓰기만 해도 대단하다는 말을 하는 학과다'는 등 자기방어적인 말을 하는 이에 대해서는 용서가 없었다.

'태도' 때문에 하루아침에 나락으로 떨어진 일이 여러 차례 있다. 유명 대학의 모 교수는 공중파 TV에까지 출연하는 등 대중적 인기를 누렸지만, 사건이 터진 후 반성하는 기미가 없고 변명만 늘어놓는다는 비난이 쇄도했고, 결국 교수 자리를 박탈당하고 말았다.

승승장구하던 모 여성 역시 논문 표절에 대해 몇 마디 잘못 발언하는 바람에 난타를 당했다. 최고위직에 올랐던 여성 역시 청문회 때 또박또박 자신의 의견을 피력하는 모습이 오히려 감점 요소가 되어 불명예 퇴진하고 말았다.

사건이 생기지 않는 게 가장 좋겠지만, 일이 터지고 나서 대처를 잘하는 것도 중요하다. 바로 대응하지 말고 전문가와 의논하면서 대중의 반응을 살피는 지혜가 필요하다. 좀 억울하더라도 '정서'라는 부분을 간과해서는 안 된다. 그리고 복귀 시점도 잘 따져서 조심스럽게 신뢰를 회복하는 게 좋다. SNS 시대는 급속도로 여론이 형성되기 때문에 매사에 주의해야 한다.

논문 표절로 시끄럽지만 각고의 노력 끝에 학위를 따는 사람들이 훨씬 많다. 인문 대학에서 박사 학위를 받으려면 재학 중에 틈틈이 준비하다가 마지막에 모든 일을 작파한 뒤 꼬박 일 년을 투자해야 한다. 그 과정은 몸무게가 5킬로그램 이상 빠질 정도로 힘든 역정이다. 실제로 박사 학위를 받고 피골이 상접한 모습으로 나타나는 지인들이 있다. 직장과 학업을 병행하느라 살인적인 스케줄에 시달리면서도 논문 쓰기에 도전했다가 끝내 수료에 그친 이들도 많다. 학비를 더 내고 몇 번씩 학기를 연장하며 논문

쓰기에 도전했다가 결국 시한을 넘겨 분루를 삼킨 예도 알고 있다. 도둑질로 학위를 따는 이들이 판을 치지만 꿋꿋하게 자존심을 지키는 이들이 있기에 우리 사회가 건강하게 유지되는 것이다.

학력 위조와 논문 표절은 자라나는 세대에게 도덕 불감증이라는 폐해를 안길 우려가 있다. 표시 나지 않게 베껴 들키지만 않으면 그만이라는 생각을 갖고 자라면 미래에 무슨 일을 할 수 있겠는가. 초등학교 때부터 위조와 표절의 폐혜에 대해 명확히 가르치면 기준이 바로 설 것이다.

번드르르한 학벌로 위장하는 일과 지적 재산은 훔쳐도 상관없다는 잘못된 인식은 우리 사회에서 속히 사라져야 한다. '너희 이웃집을 탐내지 말라'는 계명의 현대적 의미는 '내 것을 연구하여 정당한 생산물을 내라'임을 기억하자. 그걸 지키지 않았을 때 대중은 결코 용서하지 않으며, 그간 쌓아온 명성이 파도에 휩쓸려 가버리는 모래성이 될 수 있다는 것도 명심하자.

part 02

오늘,
지금 이 순간이
중요

❧

part 02

오늘, 지금 이 순간이 중요

:: 선한 하루, 선한 일생

2004년과 2005년에 내가 『월간조선』에 쓴 기사를 일본 고단
샤에서 발간했던 시사잡지 『월간현대』에 수출한 일이 있다. 한국
사람을 인터뷰하여 외화를 벌어들이다니, 생각지도 못한 일이다.
『월간조선』도 35년 역사상 기사를 수출한 건 처음이라고 했다.
애초에 일본에서 기사를 사겠다고 했을 때 대체 얼마를 받아야할
지 몰랐기에 잡지사에서는 내게 준 원고료만큼을 받았다가 이듬
해는 좀 더 많이 받았다.

내가 쓴 두 개의 기사는 모두 배우 '배용준 단독 인터뷰'였다.
기사 수출에 이어 일본 매체로부터 여러 차례 원고 청탁을 받았
고, 일본 라디오 방송 리포터를 비롯해 여러 잡지에서 나를 인터
뷰하러 왔다. 나와 다른 기자들이 쓴 기사를 모은 단행본도 발
행되었다. 원조 한류스타 배용준 씨로 인해 흔치 않은 경험을 한
것이다.

취재에 앞서 자료 조사를 할 때 배용준 씨는 절대 겹치기 출연을 하지 않고, 한 작품이 끝난 후 충분한 휴식기를 갖는다는 특징이 있었다. 한류 스타로 몸값이 천정부지로 치솟은 후의 일이 아니다. 1994년 데뷔 초기부터 그가 지키고 있는 철칙이었다. 또한 오락 프로그램은 물론 비중있는 토크 프로그램에도 출연하지 않았다. 데뷔 초기에 한두 번 출연한 게 전부이다. 당시로서는 상당히 독특한 행보였다. 배용준 씨 자료를 보면서 가장 궁금했던 점은 '부침이 심한 연예계에서 오랜 공백을 두면 대중이 잊을지도 모른다는 조바심이 나지 않는지, 처음부터 톱스타였는데 인기가 추락할까 봐 걱정하지 않는지'였다. 이에 대해 물었을 때 배용준 씨는 두 가지 다 신경쓰지 않는다고 했다.

"아무것도 안 하고 지낸 적은 없었어요. 촬영 안 할 때도 하루가 너무 바빠요. 이것저것 배우느라 바쁘고 쉬면서 학교도 다녔고. 이런 얘기해도 될지 모르지만 사람은 언제 죽을지 모르잖아요. 그래서 하루가 중요하고 이 순간이 중요해요. 지금 몸이 안 좋고 열도 나지만 얘기하고 교감하고 뭔가 마음에 있는 걸 드러내야 하는 순간이잖아요. 짧은 순간이지만 지금이 중요해요."

배용준 씨는 하루의 의미를 이렇게 정의했다.

"저는 오늘 하루가 의미 있고 열심히 살았다면 그걸로 행복해요. 그날 하루가 무의미하고 나태했으면 그날은 불행해요. 저녁에 집에 들어가서 하루를 되돌아봐요. 저에게는 그런 시간을 갖는 게 중요한 에너지가 돼요."

오늘이 중요하고, 하루가 중요하고, 지금 이 순간이 중요하다.

진리가 아닐 수 없다. 배용준 씨는 하루의 의미를 알았기에 아시아의 큰 별로 떠오를 수 있었다.

방송인 이성미 씨가 인터뷰 때 "인생은 본방사수만 가능한 생방송이다. 재방송은 없다."고 했던 말이 잊히지 않는다.

"하루를 열심히 살면 모여서 한 달, 일 년이 되잖아요. 저는 매일 스케줄 일기를 써요. 제가 봐서 부끄럽지 않으면 아이들에게 얘기할 수 있을 거 같아서요. 오늘을 충실히 살자는 생각에서 일어나면서부터 열심을 냅니다."

작은 일에 즉각 순종하는 것을 삶의 철칙으로 삼는다는 이성미 씨는 매순간 열심히 살기 위해 최선을 다한다고 했다.

많은 사람이 오늘 할 일을 내일로 미루기 일쑤다. 잭 웰치 회장이 직원들에게 보낸 이메일 중에 이런 내용이 있었다.

"시간이나 말을 함부로 사용하지 말라. 둘 다 다시는 주워 담을 수 없다. 인생은 경주가 아니라, 그 길의 한 걸음 한 걸음을 음미하는 여행이다. 어제는 역사(History)이고, 내일은 미스터리(Mystery)이며, 그리고 오늘은 선물이다. 그렇기에 우리는 현재(Present)를 선물(Present)이라고 말한다."

오늘은 우리에게 주어진 선물이다. 오늘을 잘 살아야 그 선물은 의미가 있는 것이다. 지금 이 순간이 소중하다. 이 순간을 어떻게 보내든 두 번 다시 돌아오지 않는다는 점을 잊어서는 안 될 것이다. 운명이 내일 무엇을 결정할 것인지에 대해서 묻지 말라. 지금 이 순간이야말로 우리 것이다.

일본의 기독교 사상가 우치무라 간조(內村鑑三)는 하루의 중요성을 이렇게 설파했다.

"하루는 일생이다. 선한 일생이 있는 것 같이 선한 하루가 있다. 악한 일생이 있는 것 같이 악한 하루가 있다. 하루를 짧은 일생으로 보아 이것을 소홀히 할 수 없다는 것을 알게 된다."

오늘을 열심히 살면, 알찬 오늘이 모여서 큰 결실로 되돌아올 것이다. 오늘을 잘 요리해야 삶이 맛있어진다.

:: 각론을 준비하라

1인 미디어 시대이다. 많은 사람들이 개인홈페이지, 블로그, 페이스북, 트위터 등 다양한 통로를 통해 대중과 호흡한다. 그 결과 1인 미디어를 통해 스타로 등극하는 예도 심심찮게 나오고 있다.

인터넷을 통해 글을 쓰든 오프라인의 공식 매체를 통해 글을 쓰든 논문이든 저서든 일침견혈(一針見血)을 기억해야 한다. 일침견혈, '침을 한 번 탁 찔러서 피가 나와야 한다'는 뜻이다. 돌팔이 의사는 침을 여러 번 찔러도 효과가 없지만 명의는 한 번 찌르면 병이 낫는다. 횡설수설 무슨 소린지 모르게 쓰면 읽는 독자만 고통스럽다. 말도 마찬가지다. 중언부언하지 말고 딱 부러지게 자신의 의견을 밝혀야 듣는 사람이 헷갈리지 않는다.

어떤 사안에 대한 소신을 밝힐 때는 호불호가 분명해야 한다.

비판이 두려워 양비론으로 어물쩍 넘어가려고 하면 지지도 못 받고 결국 발목 잡히게 된다. 어떤 공격에도 굴하지 않고 자기 의견을 명확하게 표현하려면 맞받아칠 수 있는 이론을 확실하게 구축하고 있어야 한다. 아집이나 궤변이 아닌 확실한 근거를 갖고 공격을 막아내야 하는 것이다.

말이든 글이든 이치에 맞지 않거나 틀린 이론을 내놓아서는 안된다. 무엇보다도 시류에 영합하거나 잘못된 이론으로 사람을 현혹시켜 판단을 흐리게 하는 건 금물이다. 요즘 토크 프로그램이 봇물을 이루고 있는데 사안을 증폭시켜 말하거나, 편견을 갖도록 조장하거나, 판단을 흐리게 하는 건 아닌지 피차 잘 판단해야 한다. 무엇보다도 말꼬리를 잡고 교묘한 말장난을 해서 상대방을 당황하게 하여 마치 자신의 의견이 옳은 것처럼 몰아가는 것도 나쁘다.

일침견혈이 되려면 총론이 아닌 각론을 말할 수 있어야 한다. 두루뭉술하게 넘어갈 게 아니라 세세한 면까지 짚고 들어가서 논리를 전개할 수 있는 전문 분야를 구축하는 게 무엇보다도 중요하다. 총론(總論)만 밤낮 떠들어 봐야 아무도 감동하지 않는다. '창조경제로 중산층을 두텁게 하자'는 구호는 누구나 외칠 수 있지만, 목표를 달성하기 위한 세부적인 안은 전문가가 아니면 내놓을 수 없다.

각론의 시대, 과연 나는 어떤 분야의 각론을 내놓을 것인가. 모바일을 터치만 하면 정보가 쏟아져 나오는 세상이라 자칫 착각에 빠질 수 있다. 가득 모아놓은 정보를 자신의 것이라고 생각할 수 있기 때문이다. 정보를 잘 활용하여 내 것으로 만들어야 빛을 발할 수 있다.

예전에 선교 관련 취재를 하다가 안면이 있는 국민일보 기자와 만났다. 자료를 찾아보니 웬만한 선교 기사는 그 기자가 거의 다 작성한데다 내용이 아주 출중했기 때문이다. '인터뷰이'가 되어 달라고 부탁했더니 흔쾌히 수락했다. 한동안 안 보였던 그는 중국 북경대학에서 5년간 공부하며 정치학 박사 학위를 받았다고 했다. 귀국 후 학교에서 오라는 요청이 있었지만 자신의 뜻을 직접 대중에게 전달하는 것이 더 효율적이라고 생각하여 신문사로 되돌아왔다고 했다.

그는 "기자는 그 분야 최고전문가와 마주했을 때 대등하거나 더 우위의 지식을 갖고 있어야 한다."고 강변했다. 그러면서 자신은 중국과 선교 분야에서 한국 최고라고 자부한다고 말했다. 그는 자신의 분야에 대한 각론을 줄줄 말할 수 있는 소양을 충분히 갖추고 있었다. 전문가들을 취재할 때 그들의 해박함은 당연한 것으로 받아들였으나, 그 기자의 해박함은 나에게 충격을 주기에 충분했다.

함께 밥을 먹으면서 나는 과연 어떤 분야를 한 시간 이상 논리정연하게 설명할 것인지 곰곰이 생각해 봤다. 어정쩡한 만물박사 대신 한 분야 전문가가 각광받는 시대이다.

"나는 두 분야에서 한국 최고라고 자부한다."

이렇게 말하는 국민일보 기자가 결코 오만하게 느껴지지 않았다. 그는 시간을 투자했고, 현장에서 지식과 지혜를 축적해 나가고 있기 때문이다. 오히려 다른 사람을 만나서 "나는 이 분야만큼은 자신 있습니다."라고 말할 수 있어야 한다. 각론의 시대를 총론적으로 살고 있는 건 아닌지 점검하고 속히 대책을 세우는 수밖에 다른 도리가 없다.

:: 적시타와 막판 스퍼트

주식을 하한가에 사서 상한가에 팔고 싶은 것이 주식투자자들의 소망이다. 하지만 주식전문가들은 "그건 신도 모른다. 자신이 애초에 원했던 시점이 되었을 때 파는 게 상책."이라고 말한다. 하지만 그 절묘한 타이밍을 알고 싶은 것이 인지상정(人之常情)이다. 타이밍이라고 생각될 때 과감히 일어서야 하건만 그 리듬을 타는 일이 쉽지는 않다.

일상에서는 어떤가. 이 길이 아니라고 생각되었을 때는 과감히 돌아서는 결단이 필요하다. 돈보다 중요한 것, 내가 열정을 기울일 수 있는 걸 찾아 나설 때 변화가 시작된다. 인생은 생각보다 길지 않고, 모든 것은 때가 있기 때문이다.

루소는 "10세에는 과자에 움직이고, 20세에는 연인에 움직이고, 30세에는 쾌락에 움직이고, 40세에는 야심에 움직이고, 50세에는 탐욕에 움직인다. 인간은 언제나 오직 예지만을 추구할 것인가!"라고 탄식했다. 거룩한 야심은 꼭 필요한 덕목이다. 40세에

야심에 움직이려면 20대와 30대에 착실한 준비를 해야 한다. 그래야만 어느 순간 앞으로 치고 나갈 수 있기 때문이다. 준비가 되지 않으면 허공을 치거나 파울만 날리게 된다. 고수가 되기 위해서는 시간을 투자해야 한다. 그렇기 때문에 가능한 빨리 출발하여 세월을 다져나가는 것이 유리하다.

대기업 임원을 지낸 김상임 코치는 코칭 비지니스 입문 3년 차에다 공저 1권을 냈을 뿐이지만 좀처럼 진입하기 힘들다는 삼성경제연구소 세리 프로(SERI Pro)에서 '팀장의 품격'이란 제목의 온라인 강의를 요청받았다. 매 강의마다 주간·월간베스트를 석권하며 뜨거운 호응을 얻었다. 이미 그 전부터 강의 요청이 꽉 차 개인시간을 내기도 힘들 정도이다. 유명인과 베스트셀러 저자를 제외하고 내가 접한 이들 중에 가장 빠르게 두각을 나타내는 인물이다.

좋은 직장에서 승승장구하다 40대 후반에 갑자기 그만두면 '멘붕' 상태로 헤매기 마련인데 김 코치는 회사 다닐 때보다 더 신나게 달리고 있다. 첫 번째 비결은 공채 사원으로 대기업에 입사하여 25년간 말단 사원에서 임원까지 여러 보직을 두루 거치며 탄탄한 실무 지식을 쌓았기 때문이다. 두 번째 비결은 재직 중에 코칭 교육을 받아 사내 코칭 매니지먼트 실전 경험을 많이 쌓은 덕분이다. 실무와 지식, 현장 경험까지 골고루 갖추어 어떤 상황에도 대처가 가능한 것이 그녀의 강점이다.

그녀는 기업 코칭이나 강의 의뢰가 오면 '내가 이 회사 의사결정자라면 어떤 점이 가려울까'를 먼저 생각해 본다고 말했다. 강의를 하러 온 외부 인사가 아닌 '내 회사'라는 자세로 임해 가끔 주인의식이 지나치다며 불편해하는 사람이 있을 정도이다. 하지만 그녀의 진심을 알기에 코칭이나 강의 시간에 서로 윈-윈하고 있다.

반면 시작한 지 오래되었지만 늘 제자리걸음을 하는 이들이 있다. 별다른 경험이 없는 상태에서 무작정 출발하여 내놓을 게 별로 없기 때문이다. 내가 지금 타석에 서서 어떤 볼이든 받아 낼 실력을 갖췄는지, 스스로 판단을 해야 한다. 좋은 공이 날아와도 잘 치지 못하면 더 이상 타석에 들어설 수 없게 된다.

야심 차게 자신의 의지를 실현하려고 해도 준비가 되어 있지 많으면 허공을 칠 수밖에 없고 섣불리 휘둘러 봐야 아웃되고 만다. 준비가 덜 된 상태에서 일을 벌였다가는 얼마 못 가 도모했던 일이 부메랑이 되어 자신을 덮칠 위험이 있다.

단독 출판 제의를 받고 책을 준비 중인 김상임 코치에게 같이 일해 보자는 업체들도 적지 않다. 기업전문코치로 자리매김을 확실히 하기 위해 기업에 들어가기보다 개인 브랜드를 높이기 위해 노력하고 있다. 김상임 코치는 오랜 기간 준비를 탄탄히 했기에 타석에 들어서자마자 안타를 치며 여유롭게 활동하고 있는 것이다.

그런가 하면 너무 무르익어서 열매를 따야할 때가 되었는데 미적거리는 사람들도 있다. 굴곡 없이 자라 대단한 학교를 나온 넘사벽(넘을 수 없는 사차원의 벽) 직장인 중에 그런 사람이 많다. 내가 아는 모 인사는 대한민국 최고의 학교를 졸업하고 남들이 다 부러워하는 직장에 다니는, 한마디로 잘난 사람이다. 글도 잘 쓰고,

경험도 풍부한데 책을 한 권도 내지 않아 의아한 생각이 들었다. 내 책을 전달하면서 "다른 사람은 책도 잘 내던데 왜 안내냐."고 묻자 그는 나를 안쓰럽다는 듯한 표정으로 바라보면서 "뭘 그렇게 아등바등 살려고 그러냐."고 답했다.

그로부터 얼마 지나지 않아 '아등바등'이라 운운한 그가 전격적으로 사표를 던진 뒤 정치에 입문한다는 소식이 들려왔다. 지역구에 사무실을 개설하고 그간 쓴 글을 모아 책을 낸 것이 그가 가장 먼저 한 일이다. 급히 내느라 기획도 없이 그저 과거의 글 모음집에 불과한 책이었다.

또 다른 이도 국회의원 출마 준비를 하면서 "자서전을 쓰려고 하는데 도와줄 사람을 물색해 달라"고 부탁해왔다. 누구 못지않게 글 솜씨가 뛰어난 그가 시간이 없어 남의 손을 빌리려 한 것이다. 타이밍을 스스로 체크하며 막판 스퍼트를 잘했더라면 유능한 두 사람이 '아등바등' 할 일은 없었을 텐데……. '아등바등'은 결국 막판 스퍼트를 열심히 하지 않은 그들에게 어울리는 단어가 되고 말았다.

바쁘더라도 평상시 적시타와 막판 스퍼트 시점을 체크하면서 일을 해야 한다. 어느 날 문득 정신 차렸을 때 이미 황혼이 코앞에 닥쳐와 있다면 얼마나 쓸쓸할 것인가.

"나도 왕년에 한가락 했는데 말야."

"내가 다시 태어난다면 이걸 할 텐데..."

이런 얘기 나눠 봐야 무의미하다. 인생은 한 번뿐이니까. 지금이 바로 치고 나가야 할 때가 아닌가, 점검해 보자.

:: 내 책을 갖게 되는 날

모 백화점 아카데미에서 '행복한 자서전 쓰기' 강의를 해 달라고 요청해왔다. 대상은 30대 이상 일반인이었다. 담당자는 "요즘 자서전 쓰기가 유행이다. 상대적으로 시간적 여유가 있는 50대 이상의 관심이 높지만, 젊은 사람들도 쓰고 싶어 한다. 대단한 일을 한 사람이 아닌 그냥 자신의 삶을 정리해 보려는 이들이 대상이다."라며 10강을 짜 달라고 했다.

예전에는 대개 이름이 알려진 분들이 자서전을 냈다. 자서전이 아닌 일반 책도 대단한 스펙을 가진 사람이 아니면 출간하기 힘들었다. 자비(自費)출판 붐이 일면서 일반인의 자서전 출간이 많아졌고, 요즘은 기획만 좋으면 누구나 책을 낼 수 있는 시대가 되었다.

자서전은 대개 몇 가지 유형으로 나뉜다. 젊은 층에서는 반짝 유명세를 얻은 연예인이나 스포츠 스타들, 수능 고득점을 받고 명문대에 합격한 '공부가 제일 쉬웠어요' 파들, 어려운 시험에 합격하거나 해외 유명 대학에 다니는 이들이 자서전을 낸다. 출마를 앞둔 정치인들이 홍보를 위해 자서전이나 저서를 발간하는 건 오래된 일이다.

은퇴 후에 회고록을 쓰는 사람도 있다. 목적을 갖고 쓴 자서전과는 또 다른 성격이다. 회고록을 통해 좋은 경험을 후세에 알리려는 동기가 목적이다. 과시를 위해 치적을 포장하는 경우도 없잖아 있지만.

너무 열심히 달리다가 자서전이든 회고록이든 쓸 겨를도 없이 세상을 떠난 분들이 있다. 그러면 세상 떠난 지 10년, 혹은 20년 지난 기업 창업자나 법인 설립자들의 추모집을 자녀들이 발간한다. 추모집은 두 가지 요건이 선행되어야 출간이 가능하다. 첫째, 주인공이 아무리 공적이 있었다 하더라도 살아 생전에 치명적인 흠이 없어야 한다. 둘째, 자녀가 현재 성공한 삶을 살고 있어야 가능하다. 자손이 물의를 일으킨 경우라면 부모의 추모집을 내기가 쉽지 않을 테니 말이다.

'부자는 망해도 3대 간다'는 속담이 있지만 요즘은 당대에서 명암이 갈리는 경우가 허다하다. 어제까지 높은 지위에 있던 사람이 오늘 검찰 포토라인에 서는 일을 쉽게 볼 수 있다. 자녀가 부모의 추모집을 발간한다면 축하해야 할 일이다. 그만큼 후손이 부모의 유업을 잘 이어오고 있다는 증거니까. 불순한 동기만 아니라면 경험을 전하는 기록 문화는 꼭 필요한 일이다.

요즘 취재 현장에 가면 자수성가한 1세를 만나기가 쉽지 않다. 대개 아버지의 후광을 입은 2세들이 전면에 나서 일을 하고 있다. 이미 3세가 경영을 맡은 곳도 많다. 아버지 덕에 대단한 위치에 오른 사람을 만날 때면 묻고 싶지만 참는 질문이 있다.

"당신은 아버지가 아니어도 이 자리에 오를 수 있었을까요?"

2000년 말, 모 주간지에 다섯 개 대학의 성장 비결을 취재한 적이 있다. 당시 각종 조사에서 수위를 차지한 대학들이다. 내가 취재한 다섯 개의 대학 중 네 개 대학의 총장이 설립자의 자녀였다. 네 사람 다 해외 유학을 다녀오고 학교 내에서 여러 보직을 거치며 경영 수업을 쌓았다. 취재를 할 때 '설립자 가족이어서 학교 발전을 더욱 과감하게 추진할 수 있었다'는 긍정적인 평가가 있었다.

그런데 몇 년 뒤 네 명의 총장 가운데 3명이 자리를 내놓았다. 두 사람은 좋지 않은 사건에 연루되었고, 한 사람은 어떤 일에 책임을 지고 그만두었다. 화제로 떠오른 인물이나 사건을 조명하는 것이 언론의 속성이다. 현재 이렇게 잘되고 있는 건 이런 강점이 있기 때문이라는 취지에서 소개하는 것이다. 한 치 앞을 못 보는 세상이니 몇 년 후 일을 예측하기란 힘든 일이다.

하지만 네 명 중 세 명, 즉 75%가 문제가 있어서 총장 자리를 내놓았다는 것에 충격을 받았다. 수성(守成)이 힘들다곤 하지만 아버지가 탄탄하게 터를 닦은 그곳에서 유지만 잘해도 됐을 터인데, 하는 아쉬움이 일었다. 소유와 경영을 분리하라는 목소리와 대물림 경영을 비판하는 목소리가 높다. 절차가 정당하고 구성원들이 동의한다면 2세 경영은 문제 되지 않는다. 대신 2세들은 남들보다 손쉽게 오른 그 자리에서 최선을 다해 앞사람의 노고를 지키고 확장시켜야 한다.

크든 작든 우리는 앞 세대의 노력을 딛고 서있다. 그분들의 노고가 헛되지 않게, 확장은 못하더라도 수성은 해야 하는 게 도리고 의무다.

몇 년 전 교육 사업에 헌신한 분의 추모집을 집필했다. 그런데 나에게 그 일을 맡기고, 일이 끝난 후 감사패까지 주었던 아들이 구속되는 일이 발생했다. 아들 역시 교육 사업을 하면서 다른 여러 사업을 하고 있었는데 한 곳에서 문제가 생기면서 다른 영역까지 피해가 간 것이다. 그 아들이 교육 사업을 잘 이어나가 2대에 걸친 교육 공적을 조명할 수 있으면 좋으련만, 안타까운 일이 아닐 수 없다.

자서전을 쓸 때 가장 좋은 재료는 무엇일까. 1996년에 『현대건설 50년사』 집필을 맡았을 때 매월 발간하는 사보가 큰 도움이 되었다. 개인의 역사를 탄탄하게 쓰기 위해서는 일기를 기록하는 것이 좋다. 일기를 쓰면서 자신을 점검하며 하루를 잘 살기 위해 애쓰는 일이야말로, 인생을 탄탄하게 다지는 일이다.

꼭 자서전이 아니더라도 자신의 경험을 담은 자전적 에세이나 일을 하면서 터득한 노하우를 담은 자기계발서를 내도 된다. '내가 무슨 책을…….'이라는 생각보다는 '내 경험을 남들과 나누고 싶다'는 동기에서 용기를 내면 어떨까.

요즘 블로그를 운영하는 이들이 많은데 자신의 강점을 살려 테마가 있는 글을 계속 모아 두면 나중에 책을 낼 때 유용하다. 내가 아는 S는 평범한 직장인이었는데 삶이 무료하여 블로그를 개설하고 '경영 자문을 해 드립니다'라는 안내문을 대문에 내걸었다. 그러자 학생은 물론 회사원들까지 이런 저런 질문을 했다. S는 회사에서의 경험과 책과 인터넷에서 찾은 자료를 바탕으로 성의 있는 답변을 해 주었다. 성실한 답변에 감동한 네티즌들이 꾸준히 블로그를 찾았고 대기업 직원들까지도 회사 업무와 관련한 질문을 했다. 급기야 대기업의 부장이 '회사로 한 번 와 달라'는 메시지를 남겼다. S는 궁금하기도 하고, 그간 쌓인 지식이 있으니 도와줄 일이 있다면 도와야겠다는 생각에 그 회사를 찾아 갔다. 그러자 그 부장이 사원들을 대상으로 강연을 해 달라고 부탁했다. S는 덜컥 겁이 나서 나중에 자신 있을 때 연락 드리겠다며 돌아왔다.

S는 더 열심히 공부를 했고, 네티즌들의 질문에 더욱 성실히 답했다. 그렇게 8년간 블로그를 운영하면서 자신도 모르게 경영 전문가로 변모했다. 그간 쌓인 자료로 책을 냈고 지금은 유명 회사에서 초빙하는 명강사가 되었다.

훌륭한 자리에 있었지만 책을 낼 수 없는 처지의 사람이 있고, 평범한 사람이지만 당당히 책을 내고 자신의 경험과 지식을 나누어 줄 수 있는 사람이 있다. 큰 실수를 하지 않으면서 부단히 노력하면 내 책을 갖게 되는 날이 온다.

:: 울트라 병의 자세로 살라

나에게 매달 연재 원고를 청탁하는 담당자는 메일을 '갑들이 좋아하는 주제는 이러이러하다. 갑느님의 기호에 맞춰 주면 좋겠다'는 내용으로 시작한다. 메일을 보낸 당사자는 그 단체의 사보 진행을 맡은 프리랜서이다. 나에게는 그 담당자가 갑이지만 담당자는 자신에게 진행을 맡긴 회사가 갑인 것이다.

경제민주화 문제가 대두되면서 갑을 관계의 불합리성에 대한 기사가 많이 나왔지만, 그 기사를 보는 사람들 중에 갑을 관계가 우리 사회에서 사라질 거라고 생각한 사람은 아무도 없을 것이다. 일을 맡기는 쪽과 일을 맡는 쪽, 갑을 관계는 지구 역사가 끝나는 날까지 계속될 게 분명하다. 서로 상생하고 존중하는 것과 별개로 갑과 을은 각각의 역할에 따른 부담감을 안고 산다.

갑을은 비즈니스 세계에서 쓰는 용어로 돈을 내고 서비스나 제품을 사는 쪽이 갑, 이를 판매하는 쪽이 을로 불린다. 프리랜서 세계에서 본다면 일을 주는 클라이언트가 갑, 일을 받는 프리랜서가 을이라고 볼 수 있다. 그런가 하면 출판계약을 할 때는 저자가 갑, 출판사가 을이 된다. 언뜻 생각할 때는 바뀐 것 같은데 지금까지 내가 쓴 모든 출판계약서에 저자인 내가 갑으로 표기되어 있다. 그런가 하면 기업체 관련 책을 쓸 때는 기업이 갑이고 필자가 을이다. 저작권을 갖는 쪽이 갑이 된다는 의미다. 어쨌거나 갑과 을은 서로 협조해야 하는 관계이다.

돈을 내고 서비스나 제품을 사는 쪽이 갑, 이를 판매하는 쪽이 을이라고 하면 고개 숙여야 할 쪽은 늘 을일 것이다. 하지만 꼭 그렇지만은 않다. 을이 확고한 위치에 올라가면 어느 순간 갑이 된다. 물량이 부족한 인기 물품을 받기 위해 갑 쪽에서 을에게 청탁을 하는 경우가 왕왕 생긴다. 배우는 을의 입장이지만 티켓 파워가 있다면 갑 위의 갑이다. 유능한 프리랜서들도 마찬가지다.

갑 같은 을이 가장 주의할 일은 '거절'이다. 요청이 많으면 한

가지만 선택해야 하니 상대를 기분 나쁘지 않게 하는 것이야말로 을이 발휘해야할 스킬이다. "나 이제 그런 일 안 하니, 연락하지 마세요!"라고 경박하게 말했다가는 '상당히 재수 없는 인간'으로 찍혀 블랙리스트에 오를 수 있다. 발 없는 말이 천리를 간다고, 어디까지 퍼져나갈지 알 수 없는 일이다. 갑들은 여기저기 옮겨 다니고, 합종연횡을 하면서 정보를 교환하기 때문이다. 갑 대접을 받는다 하더라고 결코 을의 정신을 잊지 않아야 한다. 을의 정신을 잃지 않으려면 늘 초심을 가져야 한다. 초창기에 자신에게 일을 맡긴 고마운 분들을 떠올려 보라.

내가 인터뷰 기사를 많이 쓰기 때문인지 출판기획자들로부터 특정한 테마에 맞는 사람들을 묶어 책을 내자는 제안이 종종 온다. 옴니버스 스타일의 책은 만들기가 쉽지 않다. 단행본은 집중적으로 많은 인원을 인터뷰해야 하는데 섭외부터 난항에 부딪칠 우려가 있다. 유력 매체가 아니라면 취재원들이 잘 응하려 하지 않기 때문이다.

출판기획자가 아이템을 꺼내는 순간 내가 할 일이 아니라는 걸 깨달아도 끝까지 들은 뒤 내가 하기 힘든 이유를 설명하고, 나에게 전화해 주어 고맙다는 인사를 전한다. 그리고 여러 사람 인터뷰하는 게 왜 힘든지를 설명한 뒤 다음에 다른 기획으로 다시 만나자고 인사한다. 늘 을의 자세를 유지하기 위해 애쓰며 산다.

만약 갑이 겸손하다면? 그야말로 신화가 될 수 있는 기회이다. 불행히도 "그 사람은 그렇게 대단한 위치에 있는데도 얼마나 부드럽고 착한지 감동이야."라는 얘기는 많지 않다. "아, 재수 없어, 천박해. 어디 오래가나 두고 보자."라며 이를 가는 을들이 많다는 걸 '갑느님'들은 알까?

대기업에서 고위직에 있었던 K는 퇴직을 한 후 새로운 일을 시작하면서 혼란을 느꼈다고 한다. 늘 지시하고 다스리는 일에 익숙했던지라 을이 된 자신의 입장에 적응을 제대로 하지 못했던 것이다. 그래서 K가 생각한 해법은 '을을 넘어서서 울트라 병의 자세로 살자'는 것이었다. 자신을 찾는 이들에게 감사하고 최선을 다해 일하기로 결심하자 태도가 유연해졌다고 한다. K의 겸손한 태도에 상대방들이 감동하면서 일이 술술 풀린 건 말할 것도 없다.

갑을 관계가 존재하는 세상에서 살아가는 법은 '갑'의 정신으로 열심히 일하고 '을'의 자세로 겸손하기다. 무슨 일을 하든지 내 일처럼 열심히 하고, 언제 어디서나 초심을 잃지 않고 자세를 낮추면 좋은 일이 일어날 것이다.

:: 세월은 제 속도로 간다

사람들이 전생에 관심이 많은 건 후생이 있다고 믿고 싶기 때문이다. 지금 잘 안 풀리니 후생에는 뭔가 잘됐으면 좋겠다는 생각에서 전생을 기웃거리는 게 아닐까. "내가 다시 태어난다면…….", "내가 몇 살로 되돌아간다면……." 이런 얘기보다는 "오늘 이걸 하겠어.", "앞으로 분명히 잘될 거야."라고 말하는 게 훨씬 실리적이다. 지금 이 순간을 잘 사는 것이 중요하다. 현생을 잘 살아 한 번뿐인 인생에서 목표를 이루어야 하지 않겠는가.

시간이 빨리 간다, 너무 안 간다, 말이 많지만 시간은 제 속도로 꾸준히 가고 있을 따름이다. 그렇기 때문에 시간을 효율적으로 사용하여 하루를 꽉 채우는 게 좋다. 문제는 할 일은 많은데 시간은 한정적이라는 것이다. 시간을 지나치리만큼 효율적으로 사용하는 사람을 만나 비교적 유유자적한 나의 생활 태도를 반성했던 적이 있다.

2006년 성균관대학교 시스템경영공학과 권철신 교수를 인터뷰했을 때 마치 기인을 만난 듯했다. 당시 권 교수는 20년째 여섯 평짜리 연구실에서 생활하고 있었다. 책이 빽빽이 꽂힌 책장과 책상, 소파, 탁자로 연구실은 빈 공간이 없었다. 다른 연구실과 다른 점은 냉장고 옆에 각종 생활용품이 진열된 찬장이 놓여 있다는 점이었다.

권 교수는 월요일 아침에 일주일치 도시락을 싸들고 출근해 토요일 밤에 퇴근하는 생활을 하고 있었다. 연구실에서 자고 오전 6

시에 일어나 미숫가루로 3분 만에 아침 식사를 해결했다. 학교 식당에 가는 시간조차 아까워 점심과 저녁은 아내가 만들어 준 비빔밥과 카레라이스를 전자레인지에 데워 먹었다. 잠은 소파의 쿠션을 들어내고 바닥의 딱딱한 합판에 얇은 요를 깔고 잤다. 신장이 160cm인 그는 키가 작아 소파에서 자는 게 불편하지 않다고 했다. 권 교수는 자신의 연구실을 실험실(Laboratory)과 호텔(Hotel)의 합성어 '래보텔(Labotel)'이라고 소개했지만 호텔의 안락함은 찾아볼 수 없었다. 날씨가 추워지면 슬리핑백을 이용했다.

그가 20여 년 동안 연구실에서 살다시피한 것은 '개발공학'이라는 생소한 학문을 전파하고, 선진국과의 기술 격차를 줄이기 위한 고육지책이었다. 취재 당시 연구개발(R&D)의 효율성을 극대화시키는 학문인 개발공학과를 개설한 대학은 한 곳도 없었다. 성균관대 시스템경영공학과 안에 산업공학 전공과 개발공학 전공이 개설되어 있는 게 전부였다.

1983년 조지워싱턴대 경영과학과 교수로 초빙되어 미국에서 지내다 3년 만에 돌아온 권 교수는 선진국과의 기술 격차를 줄이는 방법은 밤 잠 안 자고 더 열심히 노력하는 길밖에 없다는 생각에 '입실수도'를 선택했다.

'개발공학'을 가르치려면 공학 전반과 경영학·사회개발·시스템·산업 전반을 알아야 하는데 당시 권 교수 이후 외국에서 개발공학 박사학위를 받아 온 학자가 없었다고 한다. 그래서 혼자라도 열심히 해야겠다고 발버둥을 치다 보니 일주일에 한 번 퇴근하는 교수가 된 것이다.

권 교수는 대학원생을 뽑을 때 "입실수도하여 슬리핑백에서 자겠다."고 약속하는 학생만 제자로 받았다. 석·박사 과정의 제자들은 권 교수 연구실 바로 앞 연구실의 간이침대와 책상 위에서 잠을 잤다.

권 교수는 학부생들까지 혹독하게 공부시키기로 유명했다. 학부생들에게 밤 11시가 넘도록 강의를 하니 권 교수의 제자들은 학교 앞에 방을 얻어 합숙을 해야 했다. 집에 가봐야 과제와 세미나 준비 때문에 잠을 제대로 잘 수 없기 때문이다. 2학기 강의가 대부분 12월 초에 끝나지만 권철신 교수는 12월 말이 되어야 종강을 했다. 취업을 한 학생의 경우 신입 사원 연수 마지막 차수 출발일 아침에야 학교를 떠났다. 대학원생들의 경우 학위 수여식 아침에서야 논문에 도장을 받을 수 있다.

공부를 힘들게 시키는데다 학점이 후하지 않았지만 '강의평가'에서 권 교수는 거의 만점에 가까운 점수로 5년 연속 1위를 차지했다. 강의실에 권 교수가 들어서면 제자들은 존경의 표시로 중·고등학생들처럼 큰 소리로 인사를 했다. 한 사람이 "차렷! 경례!"를 외치면 다 같이 "반갑습니다. 감사합니다."라고 외쳤다. 대학교에서는 드문 풍경이 아닐 수 없다. 권 교수의 제자들은 전원 추천에 의해 입사했는데 삼성, LG, 현대 등 대부분 대기업으로 갔다.

권 교수는 2000년부터 2005년까지 85편의 논문을 발표했고, 이 가운데 다섯 편이 해외 주요 저널에 게재됐다. 성균관대의 교수 업적 종합평가에서 가장 높은 등급인 '신품(神品)'을 2002년과 2003년 연이어 받았다. 권 교수는 학교 보직을 맡아 달라는 학교 측의 요청을 모두 거절했다. 제자를 길러 내기 위해서였다.

20년이라는 긴 세월을 연구실에 보낸 소감을 물었을 때 권 교수는 "재미있게 보냈어요. 긴 시간을 내 것으로 만들었기 때문에 보통 사람의 2배를 살았지요. 지나온 세월을 돌아보면 너무 고생했다는 생각이 들어요. 하지만 시간에 끌려 다니지 않고 시간을 끌고 다닌 나의 선택에 만족합니다."라고 말했다.

C.S.루이스(Clive Staples Lewis)의 『스크루테이프의 편지』에는 경험 많고 노회한 악마 스크루테이프가 조카이자 풋내기 악마인 웜우드에게 인간을 유혹하는 방법을 알려주는 31통의 편지가 담겨있다. 시간에 관해서 고참 악마는 "사람들은 어차피 한정된 시간을 산다. 시간을 생산적으로 사용하지 못하게 만들어라. 그러면 우리가 이긴다."고 말한다.

백화점에는 시계와 창문이 없고 엘리베이터는 빙 돌아가서 올라가게 해놓았다. 이유는 고객들을 조금이라도 백화점에 오래 잡아두기 위함이다. 시간 가는 줄 모르고 쇼핑하게 만들기 위한 술책인 것이다. 우리의 시간을 빼앗기 위한 것들이 도처에 도사리고 있다.

비생산적인 잡다한 시간을 걷어 내면 하루에 최소한 3시간은 확보할 수 있고 좀 더 노력하면 5시간, 7시간까지도 가능하다. 누수를 막고 시간을 과학적으로 사용하면서 생산적인 일에 집중한다면 훨씬 많은 것을 성취를 할 수 있을 것이다.

헬라어 크로노스(Chronos)와 카이로스(Chiros)는 둘 다 시간을 뜻한다. 크로노스는 그냥 여러 시간 중의 하나이고 카이로스는 특별한 의미가 있는 시간이다. 흘러가는 시간을 아까워하지 않고 그냥저냥 살 것인가 매 순간을 카이로스로 기록하며 살 것인가. 인생은 시간과의 싸움이다. 시간 자체가 경쟁력이기에 크로노스를 카이로스로 만들면서 살아야 한다.

세월은 언제나 제 속도로 가고 있을 뿐이다. 세월을 아끼는 길은 세월 속에 나를 꽉 채우는 방법밖에 없다. 회한이 남지 않도록 중간 점검을 확실히 할 필요가 있다.

:: 아름다운 약속

내가 알고 지내는 사람의 대다수는 글을 쓰거나 책을 만드는 일에 종사한다. 그래서 만나기만 하면 책이 안 팔리는 현실에 대해 걱정한다. 다들 왜 이렇게 책이 안 팔리느냐고 아우성이지만 뾰족한 해법이 없으니 답답할 노릇이다. 그런데 시장을 돌아보면 사정이 꼭 나쁘지만은 않다. 날개 돋친 듯 나가는 책들이 엄연히 있기 때문이다. 대체 나가는 책들의 비결은 뭘까.

책을 많이 팔려면 필자가 글을 잘 써야겠지만 그 외에도 다양한 변수가 도사리고 있다. 책이 나오면 광고와 홍보를 통해 독자들에게 효과적으로 알리고, 지속적인 판매 관리를 하는 등 탄탄한 지원이 뒤따라야 한다. 그보다 선결되어야 할 것은 기획자의 판단이다.

창작물이 아닌 기획물의 경우 기획자와 필자가 독자들의 수요를 정확히 짚어 그에 맞는 아이템을 고르고, 책의 방향에 대해 상의하여 팔릴 만한 물건을 만들어야 한다. 볼거리가 넘치는 세상이니 독자만 탓할 게 아니라 책도 상품성을 갖춰야 하는 것이다.

과거에는 지명도 있는 사람의 글을 대충 묶어서 책을 내는 경우가 많았으나, 요즘은 생소한 이름의 필자가 쏟아져 나오고 있다. 그 무명의 필자들이 이른바 대박을 내는 경우도 왕왕 있다. 또 하나 제목은 아는데 필자 이름은 모르는 경우가 허다하다. 무명의 필자도 상관하지 않는 출판사가 늘어난 건 그만큼 기획력에 비중을 두기 때문이다.

출판 기획자들은 사석에서 만나도 이런 책을 써 볼 생각이 있느냐며 여러 가지 제안을 한다. 요즘 독자의 구미에 딱 맞춘 책을 적시에 내면 대박을 칠 수 있다며 눈을 반짝이는 기획자를 보면, 그 의욕과 창의력에 감탄하게 된다. 영특한 기획자, 양질의 필자, 치밀한 지원이라는 삼박자를 갖춘다면 힘들다는 출판 시장에서 적어도 안타 정도는 칠 수 있을 것이다.

보는 순간 '대박' 날 책임을 알아본다면 대단한 기획자가 틀림없다. 여기저기서 문전박대 받은 책을 한눈에 알아보고 초대형 대박을 친 기획자의 얘기가 출판가에 신화처럼 떠돌고 있다.

내가 아는 두 분이 좋은 기획자를 만나 탄탄한 결실을 낸 일이 있다. 장영희 교수가 글을 쓰고 김점선 화백이 그림을 그린 『생일』과 『축복』이 바로 그 책이다. 조선일보에 연재된 서강대 장영희 교수의 '영미 시 산책'이 2006년 4월 『생일』이라는 이름으로 출간되었다. 이 책은 출간하고 얼마 안 되어 시 부문 베스트셀러에 올랐다. 그해 7월에 출간된 『축복』도 곧바로 주목받았다. 두 권의 책은 지금까지도 변함없는 사랑을 받고 있다.

'영미 시 산책'은 2004년 7월 1일부터 조선일보에 연재됐는데, 독자들의 열띤 호응 속에서 1년여 동안 계속되었다. 특히 연재 도중 암이 발견된 장영희 교수가 항암 치료를 하면서 집필을 계속해 독자들로부터 뜨거운 박수를 받았다.

장영희 교수의 암 투병 사실이 화제가 되자 출판기획을 하는 후배가 나에게 전화를 했다. 장교수의 '영미 시 산책'을 묶어서 책으로 내고 싶은데 다리를 좀 놔 달라는 것이었다. 장 교수께 말씀 드렸더니 난색을 표하며 이미 구두로 약속한 출판사가 있다고 했다.

"도장 찍고 계약을 하지 않았으면 아직 가능성은 있는 거 아닌가요?"

일단 최선을 다해야겠다는 생각에서 조심스럽게 말하자 장 교수가 부드러운 음성으로 말했다.

"구두 약속도 약속이기 때문에 지켜야 해요."

그 말씀에 더 이상 떼를 쓸 수 없었다. 얼마 후 사석에서 장영희 교수에게 자초지종을 듣고는 후배가 뒷북을 쳐도 니무 늦게 쳤다는 사실에 실소를 금치 못했다.

'영미 시 산책'은 연재가 시작된 지 딱 사흘째 되는 날 찜을 당했다고 한다. 예전에 장 교수에게 칼럼 청탁을 했던 기자가 자리를 옮겨 출판사에서 일하고 있었다는데, 그야말로 한눈에 물건을 알아보고 선점을 한 것이다. 그녀는 장 교수에게 '영미 시 산책'의 글이 모이면 책으로 출간하자."고 제의했고, 장교수는 단 사흘 만에 찾아온 그가 좀 우습기도 하고 고맙기도 해서 무심코 "그러마."고 했단다.

전화통에 불이 난 건 '영미 시 산책'이 연재된 지 열흘쯤 되었을 때였다. 한국에서 내로라하는 출판사는 거의 다 장 교수에게 책을 내자고 전화했다고 한다. 그제야 성급했다는 후회가 일었지만 장 교수는 구두 약속도 약속이라고 생각하여 다 거절했다. 그래도 출판사 관계자들은 "책이란 서면계약을 할 때까지는 어디로 갈지 모른다."며 끈질기게 유혹했다. 하지만 장 교수는 끝까지 약속을 지켜야겠다는 일념에 그 기획자가 다시 옮긴 출판사에서 『생일』과 『축복』을 출간했다.

이 얘기를 들으며 작은 약속을 소중하게 생각한 장 교수의 아름다운 마음과 한눈에 좋은 글을 알아본 기획자의 혜안에 감탄을 금할 수 없었다. 무엇보다도 연재 사흘 만에 '물건'을 찾아내 '약속'을 받아 낸 기획자의 탁월성과 신용도에 박수를 보내고 싶다. 능력 있는 필자를 늘 관심 있게 지켜봤다는 사실을 증명하기 때문이다. 기획자는 평소 성실함을 보였기 때문에 작가로부터 신뢰를 받았을 것이다. 아무리 기발한 기획자여도 책임지고 성실하게 진행할 거라는 확신을 주어야 작가들도 마음을 연다. 이래저래 사람 사이의 믿음의 뿌리는 성실성이다.

어려운 영시를 대중화한 『생일』과 『축복』에는 김점선 화백의 섬세하면서도 순진무구하고, 유쾌하면서도 환상적인 그림이 실려 있어 대중에게 더욱 사랑받고 있다. 출중한 실력을 갖춘 장영희 교수와 김점선 화백은 절친한 사이였는데 두 분이 암으로 인해 앞서거니 뒷서거니 세상을 떠난 것이 가슴 아프다. 그래도 가슴 따뜻한 사연과 명저를 남기고 가서 덜 서운하셨을 듯하다.

:: 살면서 점검해야 할 것들

대학에서 소설 공부를 하고 졸업 3년 차에 등단할 때는 소설 책만 낼 줄 알았는데 예상과 달리 다양한 책을 내게 되었다. 소설 과 자기계발서를 번갈아 내다 보니 자칭 타칭 나를 규정하는 문구가 생겼다. '픽션과 논픽션을 넘나드는 작가'가 그것이다.

전공은 문예창작이지만 졸업 이후 잡지 기자와 방송 작가로 활동하다 보니 후천적 전공이 생긴 셈이다. 자기계발서라는 것이 남에게 이런저런 훈수를 두는 콘셉트이다 보니 여러모로 면구스럽지만 성공한 사람들의 얘기를 중계한다는 각오로 임하고 있다.

2008년에 자기계발서 『+1%로 승부하라』를 발간한 이후 예상치 못한 일거리가 생겼다. 기업체나 공공 기관, 각급 학교에서 특강 요청이 온 것이다. '명품인생을 살라', '나를 디자인하라',

'프로는 1%가 다르다' 등등 다양한 제목으로 강의를 하고 나면 해당 사이트에 후기가 올라왔다. 그 글들을 읽다보면 여러모로 느끼는 바가 많다.

예전에 모 대학의 경영학 강좌 시간에 3시간 동안 많은 얘기를 했는데 여러 학생이 인상적이었다며 동일한 내용의 후기를 올려놓은 게 있었다. 강의를 마칠 때쯤 "여러분들이 지금부터 이것만은 지키겠다는 각오를 했으면 좋겠다."고 전제한 뒤 해 준 얘기였다. 그게 학생들이 마음에 상당히 와 닿은 모양이다. 실컷 본론을 얘기한 뒤 잔소리꾼 엄마처럼 붙인 사족이다.

> '*금주 금연을 생활화하라. *꾸준히 운동하여 몸매 관리를 하고 건강을 챙겨라. *글솜씨, 말솜씨, 노래 솜씨를 기르고 영어 공부, 한문 공부, 책 읽기를 생활화하라. *스캔들 메이커가 아닌 가정지킴이가 돼라. *좋은 사람 가려내는 눈을 길러라. *공정한 시각을 갖고 비판보다는 배우는 정신으로 살라. *합리적인 재테크를 하고 저축을 생활화하라. *요동치지 않는 내공을 길러라.'

철저히 생활 속에서 캐 낸 권면을 다시 한 번 살펴보자. 김양규 한의사의 『습관을 바꾸면 120까지 살 수 있다』등 '인간수명 120세'를 공공연히 논하는 책들이 나오는 걸 보면 100세 시대가 오긴 온 것 같다. 하지만 마흔이 넘어서면 노화가 시작되는 것을 피부로 느낄 수 있다. 40대에 폐경을 맞는 여성도 많고 비뇨기과를 찾는 남성들도 많다. 나이 들면서 사람들이 가장 먼저 줄이려고 애쓰는 것이 술과 담배이다. 술은 좀 줄이면 된다지만 담배는 아예 끊어야 하는데 전문의의 도움을 받고도 실패하는 사람들이 부지기수이다. 요즘 흡연 연령이 점점 낮아지고 있는데, 담배는 무조건 시작하지 않는 게 상책이다.

나이 들면 대사량이 떨어지면서 대개의 경우 살이 찐다. 그때 음식을 조절하고 운동을 하면 몸매 관리를 할 수 있는데, 그게 어디 쉬운 일인가. 무엇보다도 직장에 들어가면 대부분의 시간을 의자에 앉아서 보내니 살이 오를 수밖에 없다. 비만은 건강의 적이니 미리미리 몸매 관리를 하여 건강까지 동시에 챙겨야 한다.

전 국민 작가 시대가 열린 만큼 글솜씨는 차근차근 기르는 것이 좋다. SNS에도 격식을 갖춰 쓰는 등 실력을 기르다 보면 나중에 책까지 낼 수 있다. 어디서든 "한 말씀하시라."를 권유를 듣는데 평소 조리 있게 말하는 연습을 하면 피할 이유가 없다. 글을 쓰다 보면 책을 내게 되고 책을 내면 강사로 초청하는 곳이 생기니 말솜씨는 여러모로 도움이 된다.

외모만 경쟁력이 아니다. 대한민국에서는 노래 솜씨도 당당히 경쟁력에 속한다. 노래방을 휘어잡는 솜씨가 이미지 고양에 좋다는 건 누구나 경험했을 것이다.

영어와 한문은 꾸준히 공부하여 남부럽지 않은 실력을 갖추는 게 여러모로 유리하다. 요즘 영어 잘하는 사람은 많지만 한문 실력이 출중한 사람은 몹시 드물다. 여전히 한문을 병기하는 매체도 많고, 한문을 알아야 뜻풀이가 가능한 책들도 있다. 글 쓰는 일을 계속하려는 사람들은 한문 공부를 평소 해 두는 것이 좋을 것이다.

사회생활이 복잡해지면 고전을 읽기가 힘들어진다. 상대적으로 시간이 많을 때 고전을 읽어 놓으면 피가 되고 살이 된다. 각 대학에서 대학생들에게 권하는 명작 목록을 참고하거나 유명 출판사들의 명작선을 참고하면 된다.

스캔들 메이커가 아닌 가정지킴이가 되라는 건 아무리 강조해도 지나치지 않은 말이다. 가화만사성(家和萬事成)만큼은 평생 준수하는 게 좋다. 사회생활을 하다 보면 수많은 사람을 만나게 되는데 좋은 사람 가려내는 눈은 필수사항이다. 사람을 단면만 보면 제대로 파악할 수가 없다. 입체적으로 총체적으로 보면서 올바른 사람을 찾아야 한다. 세상사는 모두 사람으로부터 비롯되기 때문이다.

우리나라만큼 이념과 지역으로 나뉘고, 세대 간의 골이 깊은 나라는 드물다. 자유민주주의를 신봉하는 대한민국 국민으로서 올바른 시각을 갖는 것은 미래를 위해 반드시 필요한 일이다. 아울러 기성세대를 비판하기보다 앞선 세대로부터 배울 점을 찾아 나의 강점으로 삼는 일에 매진해야 한다. 이념의 노예가 되거나 다른 사람의 꼭두각시가 되어 시간을 낭비하는 것만큼 어리석은 일은 없다.

합리적인 재테크와 저축의 생활화는 젊은 시절부터 실천하는 것이 바람직하다. 아울러 보증을 서지 않겠다는 결심을 해야 한다. 잠언에도 보증을 서지 말라는 충고가 나올 정도이니 일찌감치 경제 감각을 갖고 생활하는 게 유리하다.

살다 보면 시시때때로 가슴이 내려앉는 일이 발생한다. 점차 가족이 늘어나면 그 확률이 더 높아진다. 일을 생길 때마다 마음이 요동치면 큰일을 할 수 없다. 요동치지 않는 내공을 길러야만 세파를 헤쳐 나갈 수 있다. 마음을 다스리는 건 혼자 힘으로는 힘드니 신앙을 갖는 것이 유리하다.

실패를 부르는 5가지 악습으로 '약속 안 지키기, 하루의 반을 꾸물꾸물로 채우기, 중요하지 않은 일에 몰두하기, 장고 끝에 악수 두기, 매사에 부정적이기'가 꼽힌다.

사소한 것, 대단치 않아 보이는 것, 거기서 누수가 시작된다. 생활 속에서 지킬 수 있는 걸 하나하나 다지면서 큰 꿈을 향해 나가야 한다.

:: 존경스런 남자 vs 사랑스런 여자

인생에 있어서 경계해야 할 3가지라면 조기 성공, 중년 상처, 노년 무전을 꼽을 수 있다. 토대가 없이 젊은 시절에 성공하면 오래 못 간다는 조기 성공과 나이 들어 돈이 없으면 기를 펼 수 없다는 노년 무전은 생활을 다지며 준비를 잘하라는 의미일 것이다. 다만 중년 상처를 한데 묶는 건 맞지 않는 듯하다. 중년이든 젊을 때든 상처를 하는 것은 불가항력이기 때문이다. 그렇더라도 중년 상처가 조기 성공, 노년 무전과 함께 인생에 타격을 주는 건 분명한 사실이다.

이혼은 인위적인 중년 상처라고 말할 수 있다. 죽음 다음으로 스트레스가 큰 것이 이혼이라고 한다. 한창 달려야 할 중년의 나이에 이혼 문제가 불거지면 성공으로 진입하기가 쉽지 않다.

2002년에 '한국의 이혼'이라는 기사를 쓰느라 이혼한 사람들과 이혼 관련 단체 전문가들을 만났다. 최근에 이혼율이 좀 낮아졌다는 보도가 나왔는데 2002년은 IMF 영향으로 이혼율이 상당히 높을 때였다. 특히 황혼 이혼이 대폭 늘어 사회 문제가 되기도 했다.

갑자기 이혼율이 높아진 것처럼 시끄러웠지만 통계에 의하면 점진적으로, 전 세대에 걸쳐 이혼이 늘어났다. 1991년부터 이혼할 때 여성이 재산 분할을 받을 수 있게 되면서 이혼을 쉽게 결정하는 경향이 생겼으며, 여성들이 사회 활동으로 인해 경제력이 생기면서 목소리가 커진 것도 원인이 되었다. 여성들은 발전하는데 남성들은 여전히 가부장적 사고에 사로잡혀 있어 이혼율이 상승했다는 분석도 있다.

당시 이혼한 사람을 여럿 만났는데 대부분의 사람들은 이혼을 후회했다. "혼자 살다가 공포감이 밀려와서 부모님 집으로 짐 싸서 들어갔다. 절박감과 함께 혹시 혼자 있을 때 아플까 봐 걱정이 많이 되었다."고 말하는 남자도 있었고 "내 몸 반쪽이 잘려 나가는 것과 같은 고통을 느꼈다. 나의 팔과 파트너의 팔이 잘려 공중으로 날아가 버리는 게 이혼이더라. 평생 둘 다 외팔이 인생이 되는 것."이라고 아픔을 토로하는 남자도 있었다.

여자들의 이혼 원인에는 시댁 가족들과의 불화가 많았는데 "3년 동안 공황 상태였다. 사람도 안 만나고 미래도 설계할 수가 없었다. 이혼한 뒤 과거에 함께 일했던 사람들과 연락을 끊었다. 만나면 자연히 이혼 얘기가 나올 것 같아서였다. 새롭게 일을 개척하느라 힘들었다. 이혼한 여성에 대한 사회적 인식이 곱지 않기 때문에 주변 사람들에게 이혼 사실을 쉽게 말하게 되지 않는다."고 말했다. 어떤 여성은 이혼한 후 주변에 일체 알리지 않았고, 결혼반지를 일부러 끼고 다닌다고 했다. 선입견을 갖고 자신을 바라보는 게 싫기 때문이라는 것이다.

이혼으로 인해 인생의 공백이 생길 수 있다는 점을 기억해야 한다. 열심히 달려야 할 때 정신적으로 핍진하여 몇 년간 일에 집중할 수 없으니 성과가 날 리 만무하다. 두 사람의 문제는 둘만 아는 일이라고 하니 결혼 초기부터 문제에 빨리 빨리 대처를 하는 수밖에 없다.

이혼한 사람의 70%가 이혼을 후회한다는 통계가 있다. 후회의 가장 큰 원인은 자녀 문제이다. 인터뷰 당시 취재원이 들려준 말이 잊히지 않는다. 기사에는 쓰지 않았지만 그 남자는 "마누라가 내 눈앞에서 다른 남자와 뒹굴고 있는 걸 확인하지 않았다면 이혼하지 말라."고 말했다. 또 다른 사람은 "이혼은 죽어도 하지 말라. 이혼한 다음날 햇빛이 쨍 하고 비칠 줄 알았는데, 앞이 캄캄하더니 점점 더 어두워지더라."고 말했다.

당시 이혼한 사람들에게 "어떤 사람이랑 재혼하고 싶은가?"

라고 물었을 때 남자들은 '사랑스런 여자'라고 답했고 여자들은 '존경할 수 있는 남자'라고 답했다. 남자들은 "도무지 사랑할 수 없는 행동과 생각에 젖어있는 여자 때문에 질렸다."고 했고, 여자들은 "존경할 만한 구석이라곤 눈곱만큼도 없는 남자와 사는 게 정말로 시시했다."는 심경을 토로했다. 가정을 지키며 사는 부부들도 이혼한 사람들과 별반 다르지 않은 반응을 보인다. '자기 계발은커녕 나날이 퇴보하는 남편' 때문에 힘들고 '욕심과 체중만 늘어나는 드센 아내' 때문에 짜증난다는 것이다.

남녀가 공통으로 거론한 사안은 "가치관이 같은 사람을 만나라."는 것이다. 가치관 속에 많은 것이 포함된다. 결혼정보회사에서는 집안 수준, 학벌, 고향, 종교, 외모, 부모 학벌까지 골고루 따져서 남자가 모든 면에서 조금 우월한 상황을 택하라고 권한다.

이혼, 여전히 성공의 발목을 잡는 사안이다. 이혼했기 때문에 성공할 수 없다가 아닌, 이혼이라는 골치 아픈 사안으로 인해 한동안 달릴 수 없기 때문에 성공과 멀어진다고 말할 수 있다.

요즘 '경단녀'라는 신조어가 생겼는데 '경력단절녀'의 준말이다. 결혼이후 육아 때문에 직장을 그만두었다가 다시 사회로 복귀하기 힘든 여성을 이르는 말이다. 능력이 많아도 경단녀들은 좋은 직장을 찾기 힘들다. 사실 능력을 검증받을 기회를 얻기조차 힘들다.

직장에 계속 다니고 있음에도 불구하고 이혼 같은 큰일을 겪으면 '경단녀, 경단남'처럼 어느 기간 동안 능력을 발휘하기 힘들어진다. 매년 나선형을 그리며 상승해야 하는데 갑자기 이래로 축처지면 회복하기 힘들어진다. 슬럼프가 오더라도 심기일전하여 위로 올라가고 다시 슬럼프가 오더라도 깊이 빠지지 않고 위로 올라가면 나선형을 그리며 계속 상승할 수 있다. 꾸준히 달려야 골인할 수 있건만 중간에 궤도를 이탈해 버리면 다시 일어나서 몸을 추스르기도, 의욕을 되살리기도 쉽지 않다. 가정도 일도 제대로 관리하여 열심히 달려야 가속도가 붙는다. 가속도가 붙어야 어느 순간 쌩하고 앞질러 갈 에너지가 생성된다.

part 03

뛰어넘거나,
동행하거나

❖

part 03

뛰어넘거나, 동행하거나

.

:: 고난과 정면 대결하라

순탄하게 성공에 도달한 사람은 흔치 않다. 성공의 자리에 오르기까지 대개 몇 번의 험난한 시련을 겪기 마련이다. 그 고난을 이겨 내느냐, 고난에 굴복하느냐에서 성공과 실패가 갈라진다. 고난과 맞닥뜨렸을 때는 정면 승부를 결심해야 한다. 혼자 이겨 내느냐, 주변의 도움을 받느냐, 신에게 의탁하느냐, 고민을 거듭하여 자신에게 가장 좋은 방법을 찾아야 한다. 가장 좋지 않은 방법은 혼자 이겨 내겠다는 결심이다. 나쁜 일일수록 알려야 방법이 생긴다. 혼자 해결하려다 더 깊은 수렁에 빠질 위험이 있다.

서양화가 김점선 화백은 2002년 초에 갑자기 팔을 들 수 없는 상태가 되었다. 10호짜리 담채화를 한 달 동안 20점이나 그리는 바람에 어깨에 이상이 온 것이다. 그녀의 나이 56세 때의 일이다. 몇 년 전 남편이 세상을 떠난데다 갱년기증후군으로 몸이 편치 않은 상황에서 오십견까지 온 것이다. 서양화가에게 오십견이란 사형선고나 다름없다. 좌절할 수밖에 없는 형편이었으나 그녀는 '영혼이 빨려들 만큼 새로운 것'을 시작하기로 결심하고 아들에게 컴퓨터를 배웠다. 당시 그녀는 메일도 보낼 줄 모르는 컴맹이었다.

컴퓨터를 배워 가로, 세로 각 10cm 짜리 태블릿 위에서 마우스 펜으로 디지털 그림을 그리기 시작한 김 화백은 너무 신기하고 재미있어 식사를 거르면서까지 빠져들었다. 2002년 가모갤러리에서 첫 디지털 그림 전시회를 열었을 때 평소 가까이 지내던 문인들이 대거 관람을 왔다. 사람들은 비뚤비뚤한 선으로 처음 완성한 엉성한 나팔꽃 한 송이가 점차 환상적인 그림으로 바뀌어 간 과정을 고스란히 볼 수 있었다. 이후 많은 사람들이 김점선 화백의 그림을 쉽게 소장할 수 있게 됐다. 디지털 그림은 얼마든지 복제가 가능하기 때문이다. 그 후 인사동 하나아트갤러리, 예술의 전당 아트숍을 비롯한 여러 곳에서 김화백의 디지털 그림을 판매하고 있다.

김점선 화백은 2003년 두 번째 디지털 그림 전시회를 열었을 때 언론의 집중적인 조명을 받아 인터뷰를 70번이나 했다. 곧이어 KBS 위성에서 '김점선 다큐멘터리'를 방송했고 여러 TV 프로그램에 소개되었다. 디지털 그림도 신기하지만, 아픈데도 굴하지 않고 새로운 경지를 개척했다는 걸 높이 평가했기 때문이다. 예순이 가까운 나이에 컴퓨터를 능숙하게 다룬다는 것도 조명을 받았다. 3년간 손가락만 움직여 디지털 그림을 그리는 동안 어깨가 저절로 나은 덕분에 김 화백은 붓으로도 그림을 그렸다.

대중적 인기가 높아지면서 KBS 2TV 문화지대 '화가 김점선이 간다'를 2년여 동안 진행하기도 했다. 『10㎝ 예술』을 비롯한 수필집도 여러 권 내고 잡지와 신문에서도 각광받는 칼럼리스트로도 활동했다.

그러던 중 2007년 4월 암이 발견되었다. 김 화백은 암 환자가 된 이후에도 대중들 앞에서 스스럼없이 모습을 드러냈다. 머리카락이 빠졌다가 다시 나기 시작할 때 모자를 쓰지 않고 찍은 사진도 노출했다. 암 투병 중에도 한 살배기 손자가 나중에 읽을 그림 동화 5권과 자전적 에세이 『점선면』을 출간하는 등 동요하지 않은 일상을 보냈다. 마지막으로 인터뷰한 매일신문 서상현 기자의 기사에 김점선 화백의 기백이 고스란히 드러난다.

"때로 병이 도움이 되는 게 뭔지 아나? 거기에서 살아나오면 나머지들이 굉장히 후레쉬하게 선명해져. 여행보다 나아. 물을 벌컥벌컥 들이켤 수 있다는 쾌감, 작은 풀 한 포기의 기적을 일에 쫓기는 사람은 몰라. 병은 멋있는 거야. 병에 걸려 봐야 아름다움을 알아. 그 전에는 허욕에 쫓겨. 큰 집, 큰 냉장고, 더 높은 곳에 시달리다가 병에 걸리면 살아온 게 별거 아니구나, 들의 잡초가 이렇게, 초록색이 이렇게 아름답구나 느껴. 병에 걸려 생명력을 잃고 젊을 때 내 모습을 보니까 경이로움이 있는 거야. 내 매력을 아파 봐서 알아봤어. 평생 내가 못생겼다고 생각했는데 병에 들고 그게 세상의 농간이었음을 알았어."

김 화백은 평생을 치열하게 살았다. 작품에 열중하기 위해 어떤 행동까지 했는지 매일신문에 가감없이 드러냈다.

"하루는 남편이 친구를 데려온다는 거야. 그래서 집에서 내가 직접 가위를 들고 머리카락을 모두 잘랐어. 지금도 못났지만 더 못나게 만들어 마누라 자랑을 못하게 해야겠구나. 내가 아름답게 분칠하고 파티 가고 자랑하고 다니면 예술 할 시간이 어디 있냐? 예술가는 절대 고독이 필요해. 절체절명의 혼자 있는 시간! 결혼해서 예술하는 시간이 있겠냐? 악독해야 해. 악독하지 않으면 예술계에서 살아남을 수 없어. 그림을 10시간 그리려면 생각을 맑게 조용하게 한 뒤 그리고 싶어지면 그리는 거야. 일상적인 사교나 외교적인 생활은 다 포기해야 해. 김치를 가지고 날 만나러 오면 그 김치를 면상에 던져야 해. 김치를 핑계로 우리 집에 못 오게. 방해받는 게 싫으니까. 외로워서 눈알이 팅팅 붓게 울어도 너희는 안 만난다고 생각해야 해."

예술을 위해 처절한 시간을 보냈던 김점선 화백은 마지막까지 지인들과 소통하다 2009년 3월에 하늘나라로 갔다. 죽음이라는 고난 앞에서도 의연한 모습에 많은 교훈을 얻었다. 어떤 일이든 담담하게 받아들이고, 그 투병의 시간조차 일상으로 만들어 버리는 것이야말로 고난과 정면 대결하는 일이 아닐까?

:: 파란만장 스티븐 킹

만날 수 있는 사람만 멘토로 정할 이유는 없다. 만날 수 없더라도 본받고 싶은 이가 있다면 멘토로 삼고 그를 따르면 그만이다. 나도 몇 사람을 멘토로 삼고 그들의 삶을 지켜보고 있는데 미국 소설가 스티븐 킹(Stephen King)도 그 가운데 한 분이다. 작품과 상관없이 여러 차례 어려운 위기를 넘긴 것과 불타는 창작 욕구가 존경스럽기 그지없다.

스티븐 킹의 책을 읽지 않은 사람이어도 그의 소설로 만든 영화까지 비껴가진 못할 것이다. 영화 『쇼생크 탈출』, 『미저리』, 『돌로레스 클레이븐』의 원작자가 바로 스티븐 킹이다.

그는 1997년에 20년 동안 전속했던 출판사에서 다른 출판사로 옮길 때 작품 세 편의 선인세로 600만 달러를 받았다. 그와 함께 판매 부수에 따른 27~50%의 인세를 받기로 계약했다. 2008년 기사에 '최근 쓴 네 편의 작품으로만 3,500만 달러를 벌어들였다'는 내용이 있었다.

스티븐 킹은 자신이 세계적인 베스트셀러 작가로 떠오른 비결을 『유혹하는 글쓰기』에 고스란히 공개했다. 글 쓰는 일에 종사하는 사람은 물론 관련 없는 직종의 사람들이 읽어도 감동을 받기에 충분한 내용이다. 크게 네 부분으로 구성했는데 '이력서'와 '인생의 후기를 대신하여'는 자신의 파란만장한 삶을, '연장통'과 '창작론'은 글쓰기 테크닉을 담았다.

스티븐 킹은 '작가의 자질은 타고 나는 것'이라고 전제하지만

'특별한 자질을 말하는 것은 결코 아니다. 수많은 사람들이 적어도 조금씩은 문필가나 소설가의 재능을 갖고 있으며, 그 재능은 더욱 갈고 닦아 얼마든지 발전시킬 수 있다고 나는 믿는다'라고 했다. 『유혹하는 글쓰기』는 스티븐 킹이 재능을 어떻게 갈고 닦았는지 보여주는 파란만장 성공스토리여서 자기계발서로 분류되어도 무방하다는 것이 나의 견해이다.

스티븐 킹이 소설가가 된 것은 그의 홀어머니 덕택이다. 그는 초등학교 1학년 때 귓병이 나서 아홉 달 동안이나 침대에서 지냈고, 결국 이듬해 재입학을 했다. 그 1년 동안 대충 6톤쯤 되는 만화책을 읽어 머릿속이 온통 이야기 바다였던 스티븐 킹은 모방작을 한편 만들어 어머니에게 보여주었다. 어머니는 "만화 그만보고 공부해!"라고 소리치는 대신 "기왕이면 네 얘기를 써 보라."고 격려해 주었다. 곧바로 네 편의 이야기를 만들었고 어머니는 잘 썼다며 한 편에 25센트씩 1달러를 책값으로 지불했다.

자신의 이야기로 남을 즐겁게 하고 돈까지 벌 수 있다는 사실에 고무된 스티븐 킹은 여섯 살 때부터 지금까지 '창작 중'인 상태로 살고 있다. 학교에서 사고를 쳐서 야단맞는 것도 다 '창작' 때문이었다. 열네 살 때는 자신이 만든 소설을 편집하여 학교에서 친구들에게 팔다가 교무실로 불려가 야단맞았고, 형과 함께 만든 신문에 자신의 소설을 연재하기도 했다. 고등학교 때는 교사들을 희화화한 글을 써서 친구들에게 돌렸다가 교사들의 공분을 샀다. 분통은 터졌지만 재능을 높이 산 교사들이 스티븐 킹을 주간신문에 취직시키는 바람에 그는 체계적인 글쓰기를 배우게 되었다.

스티븐 킹은 열세 살 때 처음으로 자신의 소설을 잡지에 투고했다. 잡지사와 출판사로부터 수많은 거절 쪽지를 받아 쪽지를 꽂은 못이 휘어질 지경이었지만 그는 멈추지 않았다. 대학교 마지막 학기까지 그가 얻은 수입이라곤 단편소설 세편을 기고하여 번 265달러가 전부였다. 하지만 그는 결코 지치지 않았다.

그런 그가 어느 날 갑자기 유명 작가로 부상하게 된 것은 아내 태비 덕분이다. 둘은 교사발령을 받지 못해 세탁소와 도넛 가게에서 일하며 두 아이를 힘겹게 키웠다. 태비는 킹을 깊이 사랑하며 늘 격려하는 문학적 동지였다. 스티븐 킹은 구더기가 끓는 세탁물을 세탁기에 집어넣는 일을 할 때도 세탁실에 작은 책상을 마련해놓고 글을 썼을 정도로 성실하고 집념이 강했다.

스티븐 킹은 어느 날 생리 중인 두 여고생 이야기를 쓰다가 디테일한 묘사에서 막히자 원고를 쓰레기통에 던져버렸다. 구겨진 원고를 발견한 태비가 "이 소설에는 뭔가 있다."며 남편을 격려했고, 자신이 도와주겠다고 나서 장편소설 『캐리』가 완성된다.

『캐리』를 읽은 빌 톰슨은 이 책을 출간하기로 결정했다. 빌 톰슨(Bill Thompson)은 나중에 존 그리샴(John Grisham)도 발굴해낸 예리한 기획자이다. 선인세 2,500달러를 받고 출간한 『캐리』는 곧이어 보급판 출판이 결정되면서 20만 달러를 일시금으로 받게 된다. 그의 나이 27세 때의 일이다. 당시 그는 연봉 6,400달러를 받는 영어 교사였고 아내는 여전히 도넛 가게에서 일하고 있었지만 전화

요금도 내기 어려운 상황이었다.

일약 유명 작가가 되어 돈방석에 앉고 나서도 그는 결코 글쓰기를 게을리하지 않았다. 한때 알코올과 마약에 중독된 적도 있으나 아내의 헌신적인 도움과 창작에 대한 집념으로 위기를 극복했다.

1999년 6월, 52세의 스티븐 킹은 『유혹하는 글쓰기』를 집필하고 있었다. 첫 손자까지 태어나 특별히 행복했던 그 시절, 동네에서 산책을 하다 부주의한 운전사로 인해 심각한 교통사고를 당했다. 다섯 번의 수술 끝에 3주 만에 퇴원한 그는 목발을 짚고 재활 훈련을 했다. 다시 한 달 후 넓적다리에 박혀 있는 샨즈 핀을 제거하는 수술을 받았다.

그는 사고가 난 5주 후부터 글쓰기를 다시 시작했다. 골반이 으스러져 오래 앉아 있기가 불가능했지만 하루에 100알쯤 되는 약을 삼키며 악착같이 글을 써서 책을 완성했다.

『유혹하는 글쓰기』를 읽으면 인생은 고난의 연속이라는 생각이 들지만, 이겨 내지 못할 고난은 없다는 점에서 안심하게 된다. 스티븐 킹은 20대 중반에 작가로 성공했지만 나태하지 않고 작품에 매진했으며, 엄청난 부와 명성을 얻은 후에도 변함없이 아내를 사랑하고 가정을 지켰기에 고난을 이길 힘을 얻었다. 『유혹하는 글쓰기』를 읽으면 나도 멋진 작가가 되고 성실한 생활인이 될 수 있다는 자신감이 충만해질 것이다. 모쪼록 스티븐 킹의 '강인한 정신'이라는 씨앗을 분양 받아 당신의 삶에다 깊이 심기 바란다.

:: 메뚜기냐, 밥이냐

푸른여름 콘텐츠홀딩스 김태원 대표를 만났을 때 그는 성경 속의 인물 유형을 분석해 DB로 만드는 작업을 기획하고 있다고 했다. 기독교인은 아니지만 성경을 즐겨 읽는다는 김 대표는 그 속에 무궁무진한 얘기가 들어있기 때문이라고 했다. 〈올인〉, 〈주몽〉 등 전설적인 드라마의 제작자인 만큼 스토리에 관심이 많은 건 당연지사일 터. 성경 속 인물 DB를 만들려는 이유는 신인 드라마 작가들이 인물 유형을 쉽게 이해하고 성경 속 인물에 이야기를 대입하면 좋은 스토리가 나올 거라고 생각하기 때문이라고 한다.

좋은 스토리를 만들고 싶은 사람은 2013년 7월에 발표된 스토리헬퍼(http://www.storyhelper.co.kr/)에 접속해 보라. 한국콘텐츠진흥원의 지원을 받아 엔씨소프트문화재단과 이화여대 디지털스토리텔링연구소가 공동개발한 국내 최초 디지털스토리텔링 지원도구이다. 스토리가 우수하다고 평가되는 대표적인 영화·애니메이션 1400여 개 작품을 엄선하여 그 속에서 11만6000여 개의 시퀀스(어떤 상황의 시작부터 끝까지를 묘사하는 이야기나 장면의 단위)를 추출, 데이터베이스로 만든 것이다. 사용자가 자신이 구상한 스토리의 장르, 인물, 주제 등 주요 요소를 29개 옵션에 따라 선택하면 여러 개의 스토리 모형(모델)을 예시해 준다.

나도 접속해 봤는데, 내가 생각하고 있는 주제와 비슷한 유형의 이야기를 다 훑어볼 수 있다는 점에서 도움이 되었다. 좋은 스토리를 만들기 위해서는 다양한 스토리를 접해야겠지만 구조화된 도움을 받다 보면 비슷비슷한 얘기가 나오지 않을까, 하는 우려도 들었다.

단숨에 많은 인물과 다양한 스토리를 접하고 싶다면 성경이 가장 요긴할 듯하다. 기독교인이 아닌 작가들도 몇 번씩 읽었다고 고백할 정도로 이야기의 보고(寶庫)인 성경에는 개성 만점 인물들의 종횡무진 활약기가 가득 담겨있다. 대학에서 소설 창작 강의를 할 때 한 학기에 성경 한 챕터를 꼭 읽게 했다. 내가 생각할 때 비교적 간단한 스토리 안에 다양한 인물들과 극적인 요소를 갖춘 파트는 에스더서이다. 에스더서를 분석하다 보면 요즘 막장 드라마의 주인공들이 총출동한 듯한 느낌을 받게 된다.

성경 인물 가운데 내가 좋아하는 이는 갈렙이다. 갈렙을 논하려면 모세부터 따져 봐야 한다. 성경에 등장하는 인물들의 공통점을 하나만 들라면 대개 '고난'을 이긴 이들이다. 구약의 스타는 단연 모세이다. 모세는 태어나자마자 이집트 왕 파라오의 "유대인 남자아기를 학살하라."는 명령에 따라 죽음의 위기에 처했다. 어머니가 역청을 바른 바구니에 아이를 담아 강물에 띄웠고, 그 바구니를 이집트의 공주가 발견하면서 왕궁에서 자라게 된다. 모세라는 이름은 '물에서 건진 아이'라는 뜻이다. 왕궁에서 40년간 훌륭한 교육을 받았지만 이스라엘 사람을 괴롭히는 이집트 사람을 죽이는 바람에 40년 광야 생활을 한 뒤에야 이스라엘 백성들의 지도자가 된다.

모세는 후계자 양성에도 성공했다. 여호수아와 갈렙이 그들인

데 두 사람의 공통점은 긍정적인 시각으로 세상을 바라본다는 것이다. 고난을 이겨내는 힘은 긍정적인 시각에서 생긴다. '왜 나한테 이런 일이 생겼나', '나를 구렁텅이에 몰아넣은 그를 그냥 두지 않겠다', '이 손실을 대체 어떻게 메우나. 죽고 싶다' 등등 이미 발생한 문제를 고민하느라 머리가 깨지는 사람은 고통스런 현실을 이겨 내기가 쉽지 않다.

하지만 '이 일을 해결하려면 이런 길을 찾아가야겠다', '나를 궁지로 몰아넣는 인간보다는 나를 구해줄 사람을 찾아야겠다', '이미 지나간 것은 되돌아보지 말자. 대책을 세우자'라고 결심하고 해법을 찾다 보면 길이 생긴다.

여호수아와 갈렙은 문제를 어떻게 봤을까. 모세는 이집트에서 200만 명이 넘는 이스라엘 백성을 이끌고 목적지인 가나안을 향해 행진한다. 목적지를 앞두고 12명의 정찰단을 파견할 때 여호수아와 갈렙도 거기에 포함되었다. 젖과 꿀이 흐르는 가나안 땅을 정찰하고 온 사람들의 의견이 갈라졌다. 10명은 "그 땅에는 힘센 장사들이 수두룩하고 키가 모두 컸다. 그들과 비교하니 우리 자신이 메뚜기처럼 느껴졌다."는 부정적인 언사를 늘어놓으며 가나안에 들어가지 말 것을 주장한다. 그런가 하면 똑같은 곳을 정찰하고 온 여호수아와 갈렙은 "그 땅 사람들은 우리의 밥에 지나지 않는다. 그들을 조금도 두려워하지 말자."고 미래를 긍정적으로 바라본다.

이스라엘 백성들은 부정적인 말에 반응하며 모세에게 "우리를 광야에서 죽게 하려고 이집트에서 끌고 나왔느냐."며 강력히 항의

한다. 결국 이스라엘 백성들은 자신들이 말한 대로 40년 동안 광야를 헤매다가 세상을 떠난다. 낡은 사고, 패배 의식에 젖은 사람은 새시대에 적응할 수 없기 때문이다. 광야에서 태어나 훈련받은 신세대들이 새로운 지도자 여호수아와 함께 신천지를 밟는다. 이집트에서 탈출한 사람 중에서 여호수아와 갈렙만 가나안 땅에 입성했다.

메뚜기와 밥, 이 현격한 차이는 마음가짐에서 온다. 문제를 대했을 때 '메뚜기식 사고'를 하는가 '밥식 사고'를 하는가에서 승패가 갈린다. 어떤 일이 생겼을 때 메뚜기처럼 떨면 당연히 질 수밖에 없다. 하지만 어떤 문제든 밥에 지나지 않는다는 자신감을 갖고 사태를 직시하면 해법이 생기기 마련이다.

메뚜기도 한철이라며 방방 뛰다가 쉽게 피로해서 나가 떨어지는 것이나, 문제 앞에서 나는 메뚜기라며 미리 항복하는 것은 이미 지고 들어가는 것이다. 메뚜기 근성은 무조건 버리는 것이 좋다.

여호수아는 모세의 후계자가 되고 갈렙은 평생 2인자로 살았다. 젊은 시절에는 능력있는 리더 여호수아가 좋을지 모르지만 나이들수록 갈렙에게 끌리게 된다. 이유는 겸손하게 2인자의 자리를 지키며 욕심부리지 않았던 갈렙이 85세 때도 노욕(老慾) 대신 패기가 넘쳤기 때문이다. 가나안 땅에 입성한 후 땅을 분배할 때의 일이다. 갈렙은 2인자인 만큼 기름진 평지를 배분 받을 수 있었다. 하지만 갈렙은 자신이 정탐을 마치고 돌아왔던 마흔 살 때 모세가 "너의 발로 밟은 땅이 영원히 너와 네 자손의 유산이 될 것이다.”라고 한 말을 기억하고 산간 지방을 달라고 말한다. “나는 오늘도 여전히 건강하며, 그 때와 마찬가지로 지금도 힘이 넘쳐서, 전쟁하러 나가는 데나 출입하는 데에 아무런 불편이 없다.”라고 외치며.

여호수아는 85세의 갈렙이 요청하는 대로 헤브론의 산간 지방을 그에게 주었다. 갈렙은 100세 시대를 살아가는 우리들에게 힘을 주는 롤 모델이 아닐 수 없다. “저들은 우리의 밥!”이라고 외쳤던 청년 갈렙이 나이 들어서도 평안한 땅이 아닌 “저 산간 지방을 나에게 주십시오.”라고 당당히 말하는 기개를 본받고 싶다. 고난은 정면 승부를 외치는 이들 앞에서 맥을 추지 못한다.

:: 회복 불능 상태에 빠지지 않기

많은 사람들을 인터뷰하면서 느낀 점은 남들이 선망하는 자리에 오른 사람들 가운데 쾌속 질주하여 그 자리에 간 사람은 드물다는 사실이다. 깊은 슬럼프를 겪고 다시 일어서서 악전고투 끝에 행복한 성공에 다가간 이들이 대부분이다. 살면서 고난이 없는 사람은 ‘신이 버린 카드’라는 말이 있지 않은가. 큰 인물이 되려면 단련 과정을 거쳐야 하는데 그냥저냥 순탄하게 살면 편하기야 하겠지만 대성하긴 힘들기 때문이다. 잘못된 길로 가는데 아무도 야단치지 않는 것이 더 슬프다는 의미이다. 그래서 고난이 오면,

'나는 관심 받고 있구나'라는 생각에 기뻐하고, '이 고난을 이기면 한 단계 올라가겠구나'라는 기대를 해도 된다.

성공한 이들을 만나 보니 '고수만의 독특한 로드맵'이 있었다. 첫 번째 포인트는 내가 잘하는 걸 발견하여 부단하게 달려가는 일이다. 고수들은 자신의 능력을 발견하면 남들보다 두 배는 더 열심히 달려 하루를 48시간으로 산다. 하지만 잘 나가다가 여기 저기 누수가 생기면서 추락하기 마련이다. 추락에서 고수와 보통 사람의 길이 갈라진다. 고수는 독기를 품고 다시 일어서서 달리는 반면, 보통 사람은 주저앉아 무기력해지거나 잘못된 선택을 한다. 추락했다가 다시 올라서려면 몇 배의 노력이 필요하다. 고수는 다가오는 기회를 결코 놓치지 않는다. 과거의 경험을 살려 쓸데없는 누수를 막고 되는 방향으로 전력 질주한다. 중간에 또다시 어려움이 오지만 그간 쌓인 노하우로 이겨낸다. 여기서 이겨 내지 못하고 바닥으로 떨어지면 다시 일어나기가 쉽지 않다. 실패가 거듭되거나, 실패의 강도가 너무 세거나, 너무 늦은 나이에 실패하면 회복이 어렵기 때문이다. 어려움을 잘 이겨 내고 모든 과정을 통과해야 동급 최강이 되는 것이다. 그 다음에도 겸손과 감사로 정상을 지키는 가운데 초심을 잃지 않으며 계속 발전해 나가는 것이 로드맵의 피날레이다.

문제는 '추락의 원인'이다. 경기가 나빠 부도가 나거나, 사기를 당하거나, 병으로 대열에서 잠시 열외되거나, 재난으로 인해 전 재산이 잿더미가 되거나, 모함을 당해 활동을 못하거나, 열심히 노력한 결과물이 빛을 못 보거나, 이런 불가항력적인 일이라면 재기한 후에 오히려 그런 사안이 교훈도 되고 훈장도 될 수 있다. 하지만 부도덕한 일로 추락하면 다시 일어서기 힘들어진다. 특히 유명인이 실수하면 더 크게 알려지니 재도약 하기가 쉽지 않다.

알려진 사람들의 치명적 실수는 몇 가지로 정리된다. 그들의 실수 유형은 마치 서로 짜기라도 한 듯 비슷하다. 우선 술을 마신다. 그리고 둘 중 한 가지 행동을 한다. 여성을 성추행하거나 폭언을 퍼붓는다.

오래전 다선 의원이 술집에서 정치부 여기자의 가슴을 만지고는 "주방 아줌마인 줄 알았다."고 말해 '술과 말'이라는 두 가지 실수를 동시에 기록했다. 후에 그 다선 의원은 정계 복귀를 시도하며 선거판을 기웃거렸지만 유권자들에게 외면을 당했다. 사석에서 그 건이 화제가 된 적이 있는데 함께 얘기를 나눈 남자들이 오히려 정치부 여기자를 성토했다. "남자들이 술에 취하면 그 정도 실수를 할 수도 있는데, 결혼까지 한 여자가 한 번쯤 너그럽게 이해해 줘야지, 남의 인생을 그렇게 망쳐서야 되겠냐."는 것이었다. "남자들이 술 마시면 정신없는 거 알 텐데 일찌감치 갈 것이지 왜 남아 있다가 그런 분란을 일으키느냐."고 말하는 사람도 있었다. 이런 의견을 젊은 후배 여기자들에게 말했더니 눈에 쌍심지를 켜고 "어떻게 그런 말을 할 수 있나."며 흥분했다. 남자들은 술자리에서 있었던 실수로 누가 피해를 보면 마치 자신이 당한 것처럼 억울해 하며 목소리를 높이지만, 술에 취해 한 일이라고 해서 이해 받을 수는 없다. 어린 나영이에게 씻을 수 없는 상처를 준 조두순이 음주 상태였다는 이유로 12년 형을 받자 많은 사람이 공분했다. 음주 운전은 벌을 주면서 왜 음주 범죄에는 관대한지 이해하기 힘들다면서. 술을 마시고 벌인 일은 가중처벌을 해야 한다는 게 이제 우리 사회의 정서이다.

남자든 여자든 실수의 매개체가 되는 것은 다름 아닌 술이다. '술'이 불쏘시개가 되어 그동안 쌓아온 명성을 한 순간에 잿더미로 만들어 버리는 경우가 다반사다. '딱 한 잔만'의 유혹을 벗어나는 게 중요하다. 딱 한 잔만 하려고 술자리를 만들었다가, 그 한 잔이 계속 이어져 결국 사달이 난다. 한 병만 마시자고 제의하는 사람 가운데 한 병으로 끝내는 걸 본 일이 없다. 가볍게 맥주 한 병만 하자더니 '심심한 맛' 운운하며 양주를 타서 폭탄주를 들이키는 게 술꾼들의 행태이다.

성추행, 말실수와 어깨를 나란히 하는 삼종세트는 음주 운전이다. 자칫 남의 생명을 잃게 할 수도 있고, 얼떨결에 뺑소니를 쳤다가 구속되는 경우도 있다. 술은 치명적 실수를 부른다는 걸 명심해야 한다. 술로 인해 정상의 자리에서 하루아침에 낙마한 사람이 셀 수 없이 많다. 일이 터질 때마다 무슨 매뉴얼을 만든다고 하는데, 매뉴얼이 없어서 실수하는 건 아닐 게다. 지킬 것만 지키면 매뉴얼도 필요 없고 실수도 안 할 테니까.

때로는 작은 실수가 치명적 실수로 귀결되는 수도 있다. 소탐대실형 실수를 저지르지 않도록 특히 유의해야 한다. 함께 일 하기로 해놓고 결실이 나면 혼자 차지하거나, 분명 기획자가 따로 있는데 콘텐츠를 갖고 분가를 해 버리는 일이 왕왕 생긴다. 자금을 다 대고 자리를 마련하여 장기전으로 가려고 할 때 모든 걸 들고 떠나 버리는 케이스도 봤다. 이듬해 크게 확장시키려는 계획을 모르고 다른 곳으로 가서 슬쩍 전을 펼쳤다가 아예 소매점으로 추락한 경우도 있다. 눈앞의 이익에 눈이 어두워 얄팍한 수를 써 봐야 오래가지 못한다.

동업자가 셈이 흐리면 당하는 쪽은 억울하긴 하지만 믿는 마음에, 혹은 상대가 민망해할까 봐 지적을 못하고 시간만 흘려보내다가 결국 손해를 보게 된다. 돈을 다 써 버린 쪽은 상대가 재촉을 안 하는데다 새로 돈을 마련하기 힘드니 슬그머니 자취를 감춘다. 하지만 당하는 쪽은 결코 잊지 않는다.

성악가인 모 교수가 펴낸 자서전에 모 씨의 이야기가 담겨 있었다. 그 교수는 1980년대 말 모 가수와 대중가요를 불러 선풍적인 인기를 누렸다. 그해 12월, 70만 장이 팔려 7억 원의 인세가 들어왔으나 그 가수는 훈제 연어를 들고 와서 "인세를 다 썼으니 내년에 들어오는 것은 꼭 드리겠다."고 말한 뒤 돌아갔다. 그 가수는 이듬해는 물론 지금까지 그 교수를 찾지 않고 있다. 민망한 마음에 한 번도 재촉하지 않은 그 교수는 결국 25년 만에 그 사실을 자서전에 기록했다. 그 가수는 조용한 그 교수가 대충 이해한 줄 알았겠으나 그 교수는 책에 기록하는 쪽을 택했다. 그 교수의 책에서 여러 내용을 봤으나 유독 그 내용이 깊이 각인되었고, 결국 내가 책에 인용하는 일까지 생겼으니 나비효과는 언제 어디로 퍼져나갈지 알 수 없는 일이다.

과거에 물의를 일으켰거나 스캔들에 휩싸였던 사람이 재기하려는 움직임을 가끔씩 감지하게 된다. 아이디어 하나로 엄청난 실적을 올렸던 젊은 남자는 한때 언론으로부터 엄청난 각광을 받았다. 하지만 부실한 토대는 금방 무너지고 말았다. 그 사건이 가물가물할 때쯤 유명 신문 전면 광고에 그 남자의 이름이 박혀있었다. 새로운 사업 아이디어를 소개하는 내용이었다. 아마도 '나 아직 죽지 않았다'는 걸 알리고 싶었던 모양이다. 그 광고를 본 지 10년이 넘은 것 같은데 아직 그가 재기했다는 소식은 들려오지 않는다. 재기를 다짐하는 건 좋지만, 꼭 그렇게 무리를 하면서까지 자신의 존재를 알려야 할까? 그 광고를 통해 어쩌면 그는 사업 자금을 마련하고 싶었는지도 모르겠다.

잡지계에서 입신의 경지에 올랐다는 평가를 받았던 모 씨는 엉뚱한 사업에 손댔다가 기자들의 퇴직금도 챙겨 주지 못한 채 회사 문을 닫았다. 그 회사 잡지에 기고했던 나도 원고료를 다 받지 못했다. 그 회사는 정상적으로 돌아갈 때도 '외부 필자는 3개월 후부터 원고료를 지급한다'는 이상한 법칙을 세워놓고 있었는데, 결국 나도 3개월간 쓴 몇 꼭지의 원고료를 받지 못했다. 부도가 나고 얼마 되지 않아 '잘 되고 있고 곧 원고료를 주겠다'는 편지가 날아왔지만 20년이 지난 지금까지 감감무소식이다. 그런데 그 모 씨가 퇴직금과 원고료 챙겨 주는 일은 포기했는지 어느 순간부터 성공학 강사로 뛰기 시작했다. 실패한 사람의 성공학 강의라니, 아이러니가 아닐 수 없다.

평생 쌓아올린 고수의 길이 치명적 실수 한 방에 날아갈 수 있다는 걸 늘 명심해야 한다. '순간의 선택이 10년을 좌우한다'는 전자 제품의 광고 문안이 새삼 떠오른다. 치명적인 실수는 10년이 아니라 남은 인생 전체를 좌우한다. 작은 실수든 치명적 실수든, 가능한 한 범하지 않는 것이 좋다. 실수를 통해 발전한다지만 일정선을 넘으면 회복 불능 상태에 빠진다는 걸 명심해야 한다.

:: 그녀와 기자를 조심하라

중앙공무원교육원에서 1, 2급 공무원들에게 "기자와 그녀를 조심하라."고 말하자 웃음이 터졌다. 짐작되는 바가 많아서 그럴 것이다. 그녀는 왜 조심해야 하는지 모두가 아주 잘 알지만, 술을 마시고 그녀에게 실수하는 사람이 꼭 생긴다. 아내를 제외한 세상 모든 여자와는 손끝도 닿지 않아야겠다는 결심을 강하게 하면 할수록 좋다. 자칫 잘못 터치했다가는 뇌관이 분리되면서 다이너마이트가 터질 수도 있다는 걸 너무 많은 사람이 증명했다. 설령 전혀 그럴 의도가 아니었더라도 덤터기를 크게 쓸 수 있다는 사실까지도. 하지만 여러 사람이 똑같은 실수를 답습하고 비슷한 수순을 밟다가 소리 없이 사라졌다.

SNS가 발달한 세상에서는 누구든 흔적을 조심해야 한다. 비단 자신의 앞길을 위해서가 아니다. 그녀를 인격적으로 대해야 하는 건 인간으로서 당연한 도리이다.

남자들은 왜 '그녀'에게 실수를 할까. 술을 마셔서 그런 것도 있겠지만, 그녀들을 제대로 파악하지 못했기 때문이다. 여성들은 일단 사랑하는 사람 외에 다른 사람의 스킨십을 몹시 싫어한다. 길가다가 조금 부딪혀도 굉장히 기분 나빠하는 여성들이 많다. 느끼한 눈길로 훑어내려도 토할 듯 경기를 일으키는 여성들도 주변에 많다. 남자들은 여성이 자신의 눈길이나 손길로 인해 '성적 수치심을 느낄 수도 있다'는 점을 기억하고 매사에 조심해야 한다. 자신은 그런 의도가 아니어도 상대 여성이 "성적 수치심을 느꼈다."고 말하는 순간 문제가 시작되기 때문이다. 그러니 아예 단초를 제공하지 않아야 한다. 어떤 목사는 "여자 교인들과는 악수하지 않는다는 철칙을 세웠다."고 했고 어떤 교수는 "여학생 혼자 면담을 하러 오면 반드시 문을 열어놓는다."고 했다.

그런데 남자들은 취기가 오르면 대뇌가 마비를 일으키는지 도무지 이해할 수 없는 행동을 한다. 술이 취해 눈을 게슴츠레하게 뜨고 동료 여직원을 마치 유흥업소 여성 다루듯 하는 사람도 있고, 노래방에서 다짜고짜 백허그를 하거나 어깨동무를 하는 경우도 다반사이다. 심지어 볼에 키스를 하는 무모한 술꾼들도 있다. 동료 직원인데다 술에 취한 상태에서 한 행동이니 어쩔 수 없이 이해해 주는 경우가 허다하다. 그러다가 그녀가 성적 수치심을 느껴 도저히 묵과할 수 없겠다는 생각으로 부대끼기 시작하면 사달이 나는 것이다. 누군가가 동영상이라도 찍어놓으면 그 길로 보따리 싸서 회사를 떠나야 하는 경우도 생길 수 있다. 그녀 보기를 돌같이 하는 게 최선이다. 섬세한 성격의 그녀가 생각을 가진 인격체라는 걸 명심하라. 그리고 대개의 여성들은 예민하고 섬세하다는 걸 잊지 말라.

여성들이 어머니같은 마음으로 너그럽게 이해해 줄 거라는 헛된 망상은 버리는 게 좋다. 적어도 1970년대 이후에 태어난 여성은 예전의 여성들과 사고가 많이 다르다는 걸 알아야 한다. 2000년대 초반 프리챌에서 '노처녀통신'이라는 사이트를 운영하면서 여러 권의 책을 낸 소설가이자 프리랜서 기자인 최재경 씨의 주장이 몹시 흥미로웠다. 2000년대 초중반의 노처녀들은 1960년대 후반에서 1970년대 중반 사이, 즉 산아제한정책이 실시되던 시점에 출생한 여성들로 자랄 때 남성들과 동등하게 길러졌다는 특징이 있다. '차별 받고 자란 어머니들 중에는 아예 딸들을 공주로 키워 과거 여성들보다 더 이기적이고 자아가 강하다. 결혼하는 순간부터 당연히 희생하고 헌신해야 한다면 그건 공평한 거래가 아니라고 생각한다'는 것이 최재경 작가의 분석이다.

여자라서 양보하고 포기하는 일은 이제 통하지 않는다. 그러니 술 취해 벌인 실수를 용납해 달라는 얘기는 씨알이 먹힐 리 없다. 1970년생 여성들은 이제 40대가 되었다. 1980년대 이후에 태어난 여성들은 남자와의 차별이란 게 대체 뭔지 모르고 자란 세대이다. 쓸데없는 아량을 베풀면 사회가 후퇴한다고 생각하는 여성이 우리 사회에 포진해있다는 것을 남성들은 잊지 않아야 한다.

기자는 왜 조심해야 하나. 술 때문에 그녀를 오해를 한다면 기자에 대해서는 멀쩡한 정신에 오해한다는 차이가 있다. 기자가 누구인가. 상대로 하여금 얘기를 하게 만드는 일을 전문으로 하는 사람들이다. 그러니 얼마나 친절하겠는가.

나 역시 취재를 가면 "성격 좋다. 화통하다. 친절하다."며 다들 칭찬이다. 하지만 친한 친구들은 나를 꼭 그렇게 생각하지만은 않는다. 일단 취재를 하러 가면 대화할 수 있는 최상의 조건을 만들기 위해 노력한다. 문제는 친절한 기자 앞에서 취재원이 먼저 무장해제를 할 때 발생한다. 자신을 취재하러 왔으니 고마운 마음이 드는데다 친절하기까지 하니 자기도 모르게 해야 할 말 안 해야 할 말 마구 털어놓는 것이다.

듣는 내가 더 아슬아슬해서 "그거 그대로 써도 됩니까?"라고 하면 황급히 손사래를 치면서 "안돼, 아, 이 기자여서 내가 말해주는 거지."라고 말한다. 그러고도 계속 수위를 넘는 얘기를 해서 "보도하면 안 되는 건 오프 더 레코드를 미리 걸어 주세요."라고 내가 부탁하곤 한다.

"아, 이건 말야, 오프 더 레코드인데 이 기자한테만 살짝 말해주는 거야."

이런 위험한 발언을 하는 사람도 있다. 다른 사람도 아닌 기자한테 왜 해서는 안 되는 말을 털어놓는가. 별 것도 아닌 내용인데다 경쟁사에 흘러들어가도 되는 내용이라면 묵살하겠지만 내가 안 쓰면 다른 기자가 쓸 수도 있는 내용일 경우 문제가 달라진다. 나는 비보도 약속을 지켰는데 다른 매체에서 보도해 버리면 내가 무능한 기자가 되기 때문이다. 그리고 뉴스 가치가 매우 높은 건에 대해서는 어떤 기자든 쓰고 싶은 유혹을 느낄 수밖에 없다.

그렇기 때문에 기자 앞에서는 무조건 말조심해야 한다. 터놓고 지내는 십년지기여서 절대 새어나가지 않을 거라고 자신한다면 모를까. 하지만 그것도 조심해야 한다. 그때는 기사화하지 않을지 모르지만 후일 '이제는 말할 수 있다'라는 제목아래 그 오프더레코드가 활자화 될 수도 있다. 그것까지 피해간다 하더라도 또 한 번의 허들이 남아있다. 나중에 작가로 변신하는 기자들이 많기 때문이다. 영원히 묻어야 할 얘기가 소설화 되고, 자신이 이상한 캐릭터가 되어 독자들을 즐겁게 할 수도 있다.

그렇다고 기자를 기피하거나 약속을 어기는 사람들이라고 단정할 필요는 없다. 세상의 다양한 면을 접해 누구보다도 올바른 판단을 내리고, 흥망성쇠를 지켜보면서 어떻게 살아야 하는지 아는 이들이어서 비교적 바른 길을 간다. 그리고 사실을 기록하기 때문에 속이거나 꿍쳐 놓는 게 없는 담백한 이들이 많다. 다양한 정보를 접해 지식도 풍부하고 삶의 지혜도 두둑한 이들이 바로 기자이다. 훌륭한 사람을 너무 많이 만나 저절로 겸손해질 수밖에 없는 직종이기도 하다. 매체가 폭발적으로 늘어 이제 이런 발언에 별로 자신이 없지만. 어쨌거나 기자를 친구로 삼지 않을 이유는 없다.

비단 기자뿐만 아니라 다른 사람에게 자신이나 혹은 공동체의 비밀을 일부러 드러낼 필요는 없다. 언론은 그야말로 PR의 대상으로 생각하면 된다. 피할 건 피하고 알릴 건 알리는 시소게임. 기자와 그렇게 친하면 되는 것이다.

그녀와 기자는 조심해야 대상이라는 것, 그들을 잘 다스려야 이미지가 올라간다는 걸 기억하자.

:: 눈높이 여성 목회

'한국의 여성목회자' 시리즈 취재 때 만난 세 분의 여성 목사와 그 전에 이미 두 차례 취재를 한 우리들교회 김양재 목사까지 네 분의 목사들은 남성 목사들과 목회 방식이 확실히 달랐다. 네 분은 엄청나게 빠른 속도로 교회 성장을 이루어 교계가 주시하고 있는 인물이다.

대부분의 남성 목회자들은 신학교 재학 시절부터 교회 전도사로 활동하며 일찌감치 학교와 교회 현장에서 훈련을 받는다. 목사가 된 후 부목사로 재직하다가 담임 목사로 청빙되거나 개척 교회를 시작한다.

네 분의 여성 목회자는 결혼 후 뒤늦게 신학교에 진학했다는 공통점이 있다. 이들은 전도사 과정을 거치지 않고 개척을 하여 대형교회를 이루었다. '한 집 건너 교회'라는 말이 있을 정도로 교회가 포화 상태라지만 뒤늦게 출발하여 짧은 기간에 수천 명의 교회로 성장시킨 여성 목회자들에게는 고난을 뛰어넘었다는 비결이 있었다. 남성 목사들은 일부를 제외하고는 전통적인 방식의 목회를 하는 데 반해 여성 목회자들은 자신들이 가장 강한 분야를 정해 세상과 소통하여 성장을 이루었다. 우리들교회 김양재 목사는 가정 문제 해결, 한중사랑교회 서영희 목사는 중국 동포 전도, 분당흰돌교회 이재희 목사는 불우 이웃 돕기, 대학연합교회 김형민 목사는 대학생 선교 등 각자 자신이 잘할 수 있는 영역에서 사랑으로 소통했다.

2013년 6월, 교회 개척 10년 만에 경기도 판교에 교회를 건축해 헌당식을 한 우리들교회의 김양재 목사는 서울대 피아노과 출신이다. 김양재 목사는 모두가 부러워하는 집안의 의사 남편을 만났으나 혹독한 시집살이와 자유가 없는 결혼 생활로 어려움을 겪었다. 39세에 남편과 사별했고 50대가 되어서야 신학교에 진학했다.

김양재 목사는 설교 때 자신의 삶을 가감 없이 오픈한다. '나를 약재료로 삼으면 다른 사람을 살린다'는 취지에서 목사가 솔선하자 교인들도 자신들의 삶을 오픈했고 '큰 문제를 해결한 사람들의 간증을 통해 작은 문제로 고민하는 사람들이 치료 받는' 효과가 나타났다.

"가정에 문제가 생기면 우리들교회로 가라. 가정을 안전하게 지키고 싶으면 김양재 목사 설교를 들으라."는 소문이 교회 다니지 않는 사람들에게까지 퍼지면서 주요 일간지들이 특별 인터뷰를 하기도 했다. 김양재 목사의 이름 앞에 '가정 문제 치료사'라는 수식어가 따라다니고, 파탄 직전의 가정들이 이 교회에서 다시 살아나는 일이 계속되는 중이다.

고려대 교육학과를 졸업하고 교사로 재직했던 한중사랑교회 서영희 목사도 뒤늦게 총신대 신학대학원에 입학했다. 연변에서 초등학교 교장을 지낸 중국 동포 가사 도우미에게 성경을 가르치다가 그들의 딱한 사정을 알게 되어 중국 동포들을 위한 목회를 시작했다. 2001년 2월 가리봉동의 가정집에서 4명의 성도와 함께 교회를 시작했다. 2002년에 교인이 50명으로 늘었을 때 사업가 남편이 오피스텔 3칸을 사서 교회 처소를 마련해 주었다. 얼마 안 가 300명이 앉을 수 있는 본당이 꽉 차는 바람에 1층 상가와 10칸이 넘는 오피스텔에 비디오를 설치해 예배를 드리고 있다.

평일에 이 교회는 한국에 처음 온 중국 동포들에게 숙식을 제공하는 '사랑의 집'으로 운영된다. 평균 120여 명의 중국 동포가 기거하는데 대개 6개월이면 일자리를 찾고 거주할 곳도 마련한다. 서 목사는 중국 동포들의 안정적인 정착과 체류 활동을 돕기 위해 사단법인 한중사랑을 설립하여 의료·법률·행정·취업·고충처리 분야의 자원봉사도 펼치고 있다.

서영희 목사는 2008년 제1회 세계인의 날에 법무부장관상 개인상, 2009년에는 국무총리상 단체상, 2013년에는 국무총리상 개인상을 수상했다. 서 목사의 사연에 감동한 법무부 출입국 직원이 '이름 없이 사랑으로 헌신하는 접시꽃 목사'라는 제목의 보도 자료를 만들어 언론에 배포하는 바람에 MBC를 비롯한 여러 매체에 소개되기도 했다. 서목사는 법무부 지정 동포체류센터 대표와 서울출입국사무소 사회통합위원회 위원으로 활동하고 있다.

분당흰돌교회 이재희 목사는 무속 신앙을 강하게 믿는 집안에서 자라 21세 때부터 교회에 출석했다. 신학교 다닐 때인 30세에 교회를 개척했다. 남편이 성남 상대원에 지은 지하 1층 지상 5층 짜리 건물의 40평짜리 지하층 반을 잘라 교회로 꾸민 것이다. 1개 층은 가족들이 살고 4개 층은 전세를 주었다. 전세금을 다 받고도 빚이 7000만 원이 남았는데, IMF 여파로 은행 이자를 못 내는 바람에 건물이 경매에 넘어갈 위기에 처해 피신을 했다. 산속에 숨어 지낼 때 인근 식당의 장애인이 밥을 갖다 주어 겨우 연명했다. 결국 산에서 내려와 세입자들에게 권리를 넘긴 뒤 빈손으로 나왔다.

2000년 12월 성남 하대원에 50평 지하상가를 얻어서 산에서 자신을 도와준 장애인과 노숙자 등 12명과 함께 사역을 시작했다가 교인이 금방 불어나 2005년에 태평동으로 이전했다. 장애인들과 불우한 사람들이 지낼 수 있는 공간을 찾다가 고시텔을 선택했다. 2층은 예배당으로 사용하고 3층과 4층의 90여 개 방에 장애인, 가출 청소년, 가정 폭력 피해자, 부도난 사업가 등이 공동체 생활을 했다. 흰돌교회의 다양한 활동 내역이 알려지면서 2007년에 『경향신문』이 제정하는 '대한민국 미래경영기업'에 선정되기도 했다.

교인이 점점 더 늘어나자 이 목사는 분당구 백현동에 위치한 65% 정도 짓다가 중단된 교회 건물을 매입했다. 건평 6270㎡(1900평)에 1200명이 동시에 예배를 드릴 수 있는 규모로 2012년 12월 말에 입주했다. 장애인들과 노숙자들과 함께 생활하느라 교회에서 잠깐씩 눈을 붙이며 쪽잠을 잤던 이재희 목사가 집에 들어가서 잠자게 된 것이 몇 년 안 될 정도로 열심히 달려 이룬 결실이다.

대형 집회 초청 1순위 목사인 대학연합교회 김형민 목사는 젊은 세대를 이끌어 가는 강력한 카리스마로 기독교계의 주목을 받고 있다. CTS TV 토크쇼 '김형민 목사의 청년독수리' 사회자로 많은 팬을 거느린 스타 목사이기도 하다. 기독교침례회 총회장을 지낸 부흥사 출신 오관석 목사가 시아버지이고 하늘비전교회 오영택 목사가 남편이다.

그녀는 우연한 기회에 신학교에 들어갔다. 남편 유학길에 동행해 미국에서 살 때 자신도 공부를 하고 싶어 울면서 기도를 하던 날의 일이다. 비를 피하려고 집 처마 밑에 서 있던 백인 남자가 "왜 우느냐."고 물었고 영어를 잘 못했던 그녀는 그냥 "스쿨, 스쿨, 스쿨."이라고 답했다. 사우스웨스트 침례대학교 총장이었던 남자는 다음 날 그녀에게 4년간 학교를 다닐 수 있는 장학 증서를 전달했다.

대학원을 마치고 7년간 사우디아라비아의 리야드에서 선교한 뒤 귀국해 2001년 1월 건국대학교 내에 컨테이너를 이어 붙인 깡통교회를 세웠다. 학생 10여 명이 건설 현장의 창고 같은 컨테이너에 모여 교회가 시작되었다. 김 목사는 밥솥을 사서 밥을 해 먹이고, 학생들이 나태해지면 회초리로 자신의 등을 때리게 하는 등, 사랑과 감동을 베풀며 신앙 훈련을 시켰다. 그 결과 현재 수천 명의 젊은이가 참석하는 교회로 성장했다.

요즘 교회가 포화 상태여서 교회를 새롭게 설립하는 일이 쉽지 않은 형편이다. 100개의 교회를 새로 설립하면 자립하는 교회는 1곳에 불과할 정로 자립이 힘든 실정이다. 이런 상황에서 네 분의 여성 목사는 개척 10여 년 만에 수천 명이 출석하는 교회로 성장시켰다.

표본이 적긴 하지만 내가 봤을 때 여성 목회자의 경쟁 상대는 남성 목회자가 아니었다. 목회에 '경쟁'이라는 단어를 사용한 것 자체가 불경스러워 보일 수도 있지만. 고난을 딛고 일어난 강인한 힘으로 세상을 보듬었을 때 새로운 길이 열렸다. 내가 만난 여성 목회자들은 사랑이 필요한 이들과 눈높이를 맞추며 다가갔기에 급성장할 수 있었다.

대부분의 주요 교단이 여성 목사 안수를 불허하고 있어 여성 목사들은 대개 독립교단에서 안수를 받는다. 여성들이 목회하기 힘들다는 것을 단적으로 드러내는 현상이다. 전체 목사 숫자 가운데 여성 목사의 숫자는 극히 미미하지만 이들의 활약이 두드러지고 있다. 앞으로 여성 목사들이 어떤 폭발력을 보여줄지 자못 기대된다.

:: 웃지 않는 소설가들

20년 넘게 취재 현장을 뛰면서 다양한 직업군을 접했는데, 가끔 시리즈 취재를 할 때면 한 직종에서 정상에 선 분들을 연이어 만나는 경우가 있다. 여러 분야 인사들 가운데 소설가, 목사, 대학 총장, 의사, 정치인, 경제인을 특히 많이 만났다. 그 중에서도 유명 소설가와 유명 목사는 거의 만난 듯하다.

대학 졸업 3년 차에 등단하여 소설가 타이틀을 얻었을 때 나는 프리랜서 기자로 일하고 있었다. 여기저기 바쁘게 뛰다 보니 소설을 쓸 시간이 없어 데뷔작이 대표작이자 마지막 작품이 될 위기에 처한 즈음이었다. 그럴 때 나에게 소설가 인터뷰 의뢰가 오면 일언지하에 거절했다. 자격지심 때문이었다.

그러던 중 『BESTSELLER』라는 문예지에서 매달 유명 소설가를 인터뷰해 달라는 요청을 해왔다. "6페이지에 걸쳐 심도 있게 인터뷰하되 원고 방향에 대해 일체 간섭하지 않겠다. 문예 잡지가 아니라 시사 잡지처럼 써 달라."는 말에 수락을 했다. 무엇보다도 '창작' 하는 이들을 만나 창의적인 삶을 엿보고 싶었다.

당시 신경숙, 은희경, 하성란, 윤대녕, 성석제, 이순원, 박상우, 구효서, 이청준, 김원우, 김주영, 이외수, 이인성, 서영은 등 중견 작가를 인터뷰하면서 문학에 대해 다시 생각하는 계기를 가졌다. 다른 매체를 통해 소설가 이문열, 이제하 선생, 정호승 시인, 『가시고기』를 쓴 조창인 작가도 인터뷰했다. 그야말로 당시 최정상의 소설가들을 두루 만났다.

창의성의 최전방에 서 있는 소설가들의 공통점은 활짝 웃지 않는다는 것이었다. 피식 웃거나, 쓸쓸한 미소를 짓거나, 조금 웃는 듯하다가 금방 입을 오므리곤 했다. 호탕하게 껄껄 웃는 법은 결코 없었고, 웃는다고 해봐야 결국 서글픈 인상으로 귀결되었다.

당시 나는 취재 기자 10년 차로 우리 사회 여러 분야의 전문가들은 많이 만난 상황이었다. 유명인이나 전문가들과 진솔한 얘기를 나누다가 인터뷰를 마칠 때쯤이면 의기투합해서 당장 뭔가 같이 할 사이처럼 친해졌다.

그런데 소설가들과 인터뷰를 하고 나면 떨떠름하면서 기분이 개운치 않았다. 속에 담아 둔 얘기가 많은 거 같은데 속 시원히 털어놓지 않았다. 오프 더 레코드를 걸면서 마구 쏟아놓는 이들과 확연히 달랐다. 인터뷰를 할 때 내가 눈을 마주 보며 "어머나! 세상에, 최고였군요. 우와!"라고 리액션을 하면 인터뷰이들은 활짝 웃으며 신 나게 얘기하기 마련이다. 그 순간 세상 누구보다도 친한 사이가 되어야 멋진 기사가 나올 수 있기에 서로 최선을 다하는 것이다. 그런데 소설가들은 나와 눈을 맞추지 않고 허공을 바라보고 얘기하기 일쑤였다. 그러니 장단을 맞추기도 머쓱했다.

당시 『BESTSELLER』 편집장은 나와 대학 동창인 소설가 박민규로 아직 등단하기 전이었다. 내가 "소설가들 인터뷰를 하고 나면 마음에 구름이 끼는 것 같아. 다들 너무 힘들게 작품을 써서인지 서글픈 인상이다. 다음에 인터뷰할 작가가 활짝 웃지 않는다면 더 이상 인터뷰를 하고 싶지 않다."고 말했을 정도이다. 그런데 다음 인터뷰 대상이었던 소설가 구효서 선생은 만나자마자

하얀 이를 드러내며 활짝 웃었고, 그로 인해 인터뷰를 계속할 힘이 났다.

장편 소설을 3권 출간하고 나니 소설가들이 왜 활짝 웃지 않았는지 이해가 간다. 당시 내가 인터뷰한 소설가들은 누구나 인정할 만한 당대 최고의 작가들로 오랜 기간 작품을 줄기차게 발표한 분들이다. 겨우 3권 쓴 내가 그분들의 심정을 안다고 말하는 게 외람되긴 하지만 그렇더라도 그분들의 마음을 찌릿, 전달받은 듯하다.

당시 소설가들은 대개 집을 떠나서 작품을 쓰고 있었다. 집 주변에 사무실을 얻어서 일하는 작가들도 있었지만 아주 멀리 떨어진 곳으로 스스로를 유배시킨 작가들도 많았다. 작품을 쓰기 시작하면 소설가들은 거의 사람을 만나지 않고 작품 속에 등장하는 이들과 대화하고 그들과 함께 살아간다. 때로는 신들린 듯이 써내려가지만 작품이 써지지 않아 고통스러워 할 때가 많다. 창작은 산고의 고통보다 더 강하다니 그런 고통을 여러 번 겪다 보면 구김살 없이 활짝 웃기가 쉽지 않은 것이다. 대학 때 은사님이 농담처럼 "소설 속에서 사람 너무 많이 죽이지 말아라. 자꾸 죽이면 집에 귀신이 떠돈다."라고 했는데, 소설가들은 소설 속 인물과 함께 희로애락을 같이 한다.

소설은 삶을 많이 반영한다지만 새로운 캐릭터를 만들어 생명을 불어넣고 그 캐릭터가 마음껏 움직일 수 있는 창작의 터전을 마련하기가 어디 쉬운 일인가. 나도 세 번의 경험을 통해 그 고충을 충분히 알게 되었다. 힘들지만 새로운 것을 만들어내는 희열이 크기에 또다시 작업에 들어갈 것이다.

당시 중앙대에서 강의를 했던 구효서 작가와 중대 앞 카페에서 인터뷰를 했는데 시종일관 즐거운 대화가 오갔다. 대학 때 시를 전공한 박민규 편집장은 사진 실력도 수준급이며 록그룹 일원으로도 활동할 정도로 음악성도 있다. 박민규 편집장은 그간 같이 일한 사진기자들과 전혀 다른 방식으로 사진을 찍었다. 사진기자들은 대개 취재 현장에서 사진만을 위한 시간을 따로 갖는다. 취재원에게 이런 저런 포즈를 주문하여 촬영을 한 뒤 나중에 인터뷰 장면을 찍는 것이다. 순서가 바뀌기도 하지만.

14번의 인터뷰 현장에 나와 동행한 박민규 편집장은 단 한 번도 취재원을 어색하게 세워놓거나 연출을 해서 사진을 찍은 적이 없다. 내가 인터뷰하는 동안 조용히 의자 위에 올라서거나 바닥에 눕거나 하면서 자신이 자세를 바꾸어가며 피사체를 열심히 렌즈에 담았다. 46배판 판형의 올 컬러 잡지가 나올 때마다 박민규 편집장의 창의적인 사진이 화제가 되었다. 예쁜 치마를 입고 온 작가는 치마를, 손가락이 희고 긴 작가는 손가락을 클로즈업하는 등 재미있는 사진이 많았다. 이외수 선생을 찍을 때는 의자 위에 올라가 정수리에다 초점을 맞추고 셔터를 눌렀다. 20만 부는 기본으로 팔리는 작가의 정수리는 과연 어떤 모양일지 궁금했던 걸까?

구효서 작가를 인터뷰했던 카페가 몹시 비좁았지만 박민규 편집장은 소리 없이 열심히 촬영했다. 인터뷰가 끝나고 마주 앉아

차를 마실 때 구효서 작가가 박민규 편집장에게 "이 친구 3년 내에 큰 일 내겠네. 앞으로 문재(文才)를 날리겠어"라고 말했다. 당시 등단을 하지 않은 상태였던 박민규 편집장은 2년 후인 2002년에 한겨레문학상과 문학동네 작가상을 동시에 받으며 혜성처럼 문단에 등장했고 이후 각종 문학상을 휩쓸어 구효서 작가의 예견을 실현했다. 은둔하여 글을 쓰는 박민규 작가도 활짝 웃지 않는 인간으로 변모했다. 그만큼 창작이 힘들기 때문이리라.

정상의 작가가 되는 길, 거기에는 인고의 아픔이 있다. 모든 것에 앞서는 건 시간 투자이다. 얼마나 집중해서 열심히 했느냐가 작가의 명암을 가른다. 창작의 고통을 감내하며 오늘도 작품을 쓰는 작가들이 있어 한국 문단이 풍성하다.

:: 희망과 환상의 박완서 선생

『BESTSELLER』에 소설가 시리즈를 연재할 때 내가 가장 인터뷰하고 싶었던 분은 박완서 선생이었다. 그래서 바로 취재 요청을 했지만 "인터뷰를 하고 싶지 않다."는 답변이 왔다. 여기저기 알아봤지만 '워낙 인터뷰를 안 하는 스타일'이라는 말만 돌아와 아쉬움을 달랠 수밖에 없었다.

인터뷰를 잘 하지 않는 박 선생의 인터뷰가 2002년 『우먼센스』에 실렸다. 내 인터뷰에 응해 주지 않고 다른 매체에는 응한 것에 대한 섭섭함보다는 기사에 소설을 안 쓰고 있는 나 같은 이들에게 하시는 말씀이 들어있어 기분이 오히려 좋아졌다.

"제가 살 만큼, 돈에 연연하지 않을 만큼 갖고 있다는 것은 재산을 축적했다는 소리가 아니라 욕망이 적기 때문에 그렇다는 것입니다. 다른 직업을 안 가졌기 때문에 전업 작가였다, 글만 썼다고 하는데, 전 실질적인 경영을 했다고 생각합니다. 주부의 일을 했으니까. 그것은 굉장한 일입니다. 주부 일을 아무 것도 아닌 일이라고 말하는데 그것은 아닙니다. 우리 남편이 버는 것만큼, 어디서 월급은 안 받아왔어도 일을 했거든요. 그러니까 겸업을 하다가 비로소 전업 작가가 된 것이 15년 정도 되었어요. 어느 정도 어려웠을 때는 저는 문학을 타락시키면서까지 아부하는, 통속을 쓰는 것보다는 겸업을 하는 것이 좋다고 생각했어요. 경험도 가질 겸해서. 전 젊은 작가들이 아무런 인생의 경험도 안 갖고 직업적인 경험도 안 갖고 금세 전업작가로 나가는 것은 안 좋다고 생각해요. 그러면 글을 자꾸 날조하게 됩니다. 어떻게 하면 좋은 출판사에서 원하는 대로 쓸까 고민하게 되고, 유행을 따라서 생산을 하게 되는데 정말 글을 쓰는 것은 머릿속으로 궁글리는 시간이 길지 진짜 쓰는 시간은 얼마 안 돼요. 다른 일을 하면서 틈틈이 쓰는 것이 좋습니다. 먹는 것은 다른 곳에서 해결하는 것이 낫습니다. 우리나라는 아직까지 작가에게 주는 혜택이 많습니다. 존중 받고 있습니다. 그러니까 자존심을 본인들이 지켜야 합니다."

박완서 선생의 말씀이 마치 글을 못 쓰고 있는 내가 '먹는 것을 다른 것에서 해결'하면서 '자존심을 지키는 것'처럼 느끼게 했다. 실제로는 '다른 일을 하여 먹는 것을 해결'하면서 '하나도 쓰지 않아 자존심 상해 버린' 상황이었으면서.

그로부터 2년 후 박완서 선생과 직접 만날 일이 생겼다. 김점선 화백이 박 선생을 뵈러 가는 길에 동행해 아치울의 자택을 방문했던 것이다. 거실 유리창으로 밤나무 숲이 보이는 박 선생 댁은 저절로 글이 써질 정도로 멋진 분위기였다. 이층 동그란 창으로 멀리 한강이 보이는 아름답고 실용적인 집이었다.

20대가 거의 저문 시점에 중앙대 문예창작학과에 입학해 공부할 때 위안을 주신 분이 마흔의 나이에 등단하여 승승장구하시는 박완서 선생이었다. 마흔이 안 되어 등단을 하긴 했지만 문학이 가까이 다가올 기미를 보이지 않아 절망하고 있던 2004년 초, 단아하고 조용한 박 선생님을 만났다. 만나자마자 선생님 손을 부여잡았다. 게다가 흥분한 목소리로 "선생님, 제가 등단하고 십년째 글을 안 쓰고 있는데 기를 불어넣어 주세요. 팍팍 많이 부어 주세요."라고 강요했다. 그것도 모자라 "소설 잘 쓰라는 격문 하나만 써 주세요."라며 종이를 들이밀었다. "아이, 뭘 그렇게 해."라며 멋쩍어 하시는 선생님으로부터 기어이 '李根美님 소설 잘 쓰기를 바라며 朴婉緒 2004 이른 봄'이라는 격문을 받아 냈다. "대학 다닐 때 선생님께 위로를 많이 받았는데 이제 마흔이 넘어버렸어요"라고 말씀드리자 선생님께서 "아유, 그때 마흔은 요즘 예순이야."라며 용기를 주셨다.

주변 친구들의 부추김에 모교 대학원을 들락날락하고 있을 때였는데, 박 선생님을 뵙고 나니 대학시절 열정이 되살아나는 것 같았다. 그런 차에 교수가 된 대학 선배 이승하 시인이 수업 시간에 어린 친구들 앞에서 작심한 듯 면박을 주었다.

"등단까지 해놓고 한 달이면 쓰레기통에 들어갈 잡지 글 쓰는 데만 열 올리는 이유가 뭐야?"

얼굴이 화끈 달아올라 기어들어가는 소리로 "먹고살려다 보니……."하는데 선배가 "라면 박스 재어 놓고 소설 쓰란 말야!" 라고 꽥 소리 질렀다.

이래저래 몰려서 쓴 소설이 『17세』였고 마침 탈고 시점이랑 마감이 딱 맞았던 여성동아 장편공모에 응모했다가 2006년 1월에 당선 통보를 받았다. 시상식에 오신 박 선생님이 이번에는 먼저 손을 내미셨다. 그날 선생님 손의 따스한 온기를 아직도 간직하고 있다.

취재에도 잘 응하지 않고 모임에도 잘 나가지 않으시는 박 선생님은 여성동아문우회 모임에 꼭꼭 참석하여 점심 드시고 차 마시며 몇 시간씩 자리를 함께했다. 또 문우회원들을 집으로 자주 초대해 주셨다.

연로한 나이에도 해외로 나들이를 하시고 활발하게 작품 활동을 하신 박 선생님이 2011년 병환으로 세상을 떠나셨다. 영원한 현역 박 선생님 곁에서 괜히 느긋했다가 화들짝 정신이 들었다. 마흔에 등단하여 팔순까지 최정상에서 힘차게 달리시는 선생님을 뵈며 나도 언젠가 할 수 있겠지, 위안하고 있었건만. 아직도 하실 이야기가 많고 언제까지든 들을 준비가 되어있는 독자를 두고 떠나신 박 선생님이 애석할 따름이다.

박 선생님을 부러워하는 작가들이 많다. 마흔이라는 늦은 나이에 등단한 이후 세상을 떠난 80세까지 40년을 현역으로 달리면서 왕성하게 작품 활동을 했기 때문이다. 박 선생님의 성과는 뛰어난 문재에다 6·25를 온몸으로 겪은 굴곡진 삶이 바탕이 되었겠지만 무엇보다 어떤 역경에도 굴하지 않은 정신력에 있다. 남편이 세상을 떠난 이듬해 든든한 버팀목이 되어 주었던 의사 아들이 갑자기 세상을 떠났을 때도 곧 추스르고 일어나 글을 썼다.

박 선생님은 여전히 세상 허술하게 사는 예비 작가들에게 희망이자 환상이다. 박 선생님이 등단 이후 해마다 걸작을 발표하신 나이에도 여전히 무명인 이들에게 언제까지나 꿈과 힘을 주실 분이다. 늦게라도 해야 할 일은 반드시 성취해야 하며, 출발했으면 강인한 정신력으로 끝까지 끌고 가는 성실성을 발휘해야 해야 한다는 것, 늘 새로운 시각으로 세상을 바라보면 승리한다는 것을 박선생님은 40년간 증명하셨다.

:: 전직 대통령들에 대한 단상

우리나라 전직 대통령들 가운데 전 국민에게 두루 존경 받는 이는 단 한 명도 없다. 초대 대통령 워싱턴을 비롯하여 링컨, 루즈벨트 등 여러 대통령들이 국내는 물론 해외에까지 알려져 전 세계인의 존경을 받는 미국과 사뭇 다른 풍경이다.

우리나라는 세월이 가도 언제나 세종대왕과 이순신 장군이 국민들의 존경을 독차지한다. 전직 대통령이 존경까지는 못 받는다 하더라도 퇴임 후 감옥에 가거나 구설수에만 휘말리지 않아도 다행일 정도이다.

대통령들을 인터뷰한 적이 있는데 대통령직에 계실 때 만난 건 아니다. 김대중 · 박근혜 대통령은 대통령이 되기 전, 전두환 · 노태우 · 김영삼 대통령은 현직에서 물러난 뒤에 만났다. 정치적 입장을 배제하고 만났을 때 느낀 단상만 모아 보았다. 퇴임 후 어떤 매체와도 인터뷰를 하지 않은 전두환 대통령은 서면 인터뷰에 응해 주었다. 노태우 · 김영삼 대통령은 댁으로 찾아가서 대면 인터뷰를 했고, 김대중 대통령은 편집장과 대담할 때 정리 요원으로 투입되었으며 박근혜 대통령은 국회의원 시절에 만나 인터뷰를 했다.

전두환 · 노태우 · 김영삼 대통령은 대통령직에서 물러난 후인 2000년에 만났다. 극동방송 이사장인 김장환 목사의 평전 『그를 만나면 마음의 평안이 온다』를 쓰는 과정에서 세 분을 인터뷰하게 된 것이다.

박정희 대통령 시절 차지철 경호실장이 청와대에서 여러 명의 목사를 초청하여 예배를 드릴 때 김장환 목사도 설교자로 초청된 적이 있다. 당시 전두환·노태우 차장보가 그 자리에 참석하면서 김 목사와 친분을 쌓게 되었다. 김장환 목사는 한 번 인연을 맺은 사람들이 힘든 상황에 처하면 변함없이 찾아가 위로하고 전도하는 분으로 유명하다.

서면 인터뷰를 한 전두환 대통령은 2000년 8월 『그를 만나면 마음에 평안이 온다』 출간 기념회 때 만났다. 필자 이근미 작가를 소개한다는 안내 멘트에 맞춰 앞에 나가 인사를 하는데 갑자기 앞줄에 앉아 있던 전두환 대통령이 일어서더니 "이근미 작가, 나랑 악수 한 번 합시다."라면서 나에게 다가왔고, 힘차게 악수를 한 뒤 자리로 돌아갔다. 순식간에 일어난 일이라 어리둥절했던 것만 기억난다. 전두환 대통령은 그날 김장환 목사를 위해 축사를 하면서 "나는 김 목사를 동생처럼 생각한다. 내가 백담사에 있을 때 김 목사가 찾아왔고, 그 후에도 여러 번 왔다. 나를 찾아온 이유는 나를 전도하기 위해서지만 나는 여전히 교회에 안 다닌다. 그래도 우리는 좋은 친구다."라면서 책 출간을 축하했다. 듣던 대로 호방한 성격이 느껴졌다.

노태우 대통령은 자택으로 찾아가 만났는데, 6공 시절 장관을 지낸 분이 배석을 하여 마치 청와대를 방문한 듯한 느낌이 들었다. 2000년 당시 노태우 대통령은 상당히 건강한 상태였다. 인터뷰를 시작하기 전에 나에 관한 자료를 보면서 질문을 했다. "중앙대학교에서 소설을 전공했던데 주로 어떤 글을 쓰나. 기자 생활은 언제부터 했나." 등등 몇 가지 질문을 받고 상당히 감동했다. 취재원들은 대개 기자를 만나면 바로 본론으로 들어간다. 질문이라고 해봐야 "어느 부서의 누구 아나, 편집장은 잘 있나. 잡지가 몇 부나 나가나." 등 매체와 관련된 게 대부분이다. 그런데 노태우 대통령은 내 이력을 보면서 나에 관한 질문을 했다. 1,000여 명의 명사들을 인터뷰했지만 그런 경우는 처음이어서 지금도 당시의 인상이 강하게 남아있다. 노태우 대통령 댁에 갔을 때 다른 방에 있다가 접견실로 안내되었다. 상당히 절도 있게 의전을 받았던 기억이 난다. 나올 때 노태우 대통령은 접견실 내에서 우리에게 작별 인사를 했다.

박정희 대통령 시절 15년간 청와대에서 이발사로 일했던 박수웅 씨를 인터뷰할 때 전두환 대통령과 노태우 대통령의 스타일에 대해 들을 수 있었다. 전두환 대통령이 작전차장보로 경호실에 근무할 때 1년 정도 이발을 한 적이 있고 전두환 차장보 후임으로 온 노태우 차장보의 이발도 딱 한 번 한 적이 있다는 박수웅 씨의 말이다.

"전두환 대통령은 원래 손이 컸어요. 이발하고 나면 돈을 세어 보지도 않고 그냥 주머니에서 꺼내 회식하라며 줬어요. 두세 번 받았지요. 노태우 대통령은 내가 한 번 하고 신라호텔로 간 문씨가 담당했는데 언제나 이발비 2,500원만 내놓고 갔지요."

상도동 김영삼 대통령 댁은 상당히 서민적이었다. 그냥 거실 의자에 앉아 있으니 김영삼 전 대통령이 들어왔고, 인터뷰가 끝나자 김영삼 대통령이 대문 밖까지 나와서 배웅을 해 주었다. 대문 앞에서 함께 기념사진도 찍었다.

　노태우 대통령이 상당히 조리 있고 절도 있게 답변을 했다면 김영삼 대통령은 단답형으로 말을 해서 인터뷰하기가 상당히 힘들었다. 대부분의 질문에 "그렇게 생각한다.", "항상 열심히 일했다."는 식으로 짧게 말하니 달리 이어갈 방도가 없었다. 아들 현철 씨를 구속하기가 쉽지 않았을 텐데 어떻게 용단을 내리게 되었는지를 질문했을 때 비로소 길게 답변했다. 아들을 구속하기 전 조용기 목사와 김장환 목사를 초청하여 예배드렸는데, 두 분의 설교와 기도가 얼마나 작용했는지에 대해 질문했을 때였다. "근세사에서 대통령이 자기 아들을 구속한 예는 없었다. 내가 결정하기 전에 다른 사람이 구속할 수는 없었다. 나는 취임 전에 가족들을 모아놓고 대만 장개석의 예를 들어 경고했다."고 말했다. 대만의 장개석 총통이 며느리가 보석을 자꾸 구입한다는 얘기를 듣고 며느리를 불러 보석 상자를 건넸는데, 그 안에 권총이 들어있었다는 얘기도 했다. 김영삼 대통령은 상당히 서민적이면서 편안하게 대해 준 기억이 난다.

　김대중 대통령은 정계 은퇴를 선언하고 아시아태평양평화재단 이사장으로 지내던 1994년에 만났다. 『월간조선』 조갑제 편집장이 인터뷰를 할 때 동석해 두 분이 대담하는 내용을 녹음하고 나중에 정리하여 기사를 작성했다. 편집장은 김대중 이사장을 인터뷰하러 간 자리에 쇼핑백을 들고 왔다. 취재를 위해 읽은 김대중

이사장의 저서가 가득 들어 있었다. 두 분이 심도 있는 대화를 나누는 동안 나는 녹음기가 잘 돌아가나 지켜보면서 행여 녹음이 안 될 때를 대비하여 열심히 노트에 적고 있었다.

편집장은 "이사장님 지금 인물이 없습니다. 정계 은퇴를 철회하시고 정치에 복귀하십시오."라고 말했다. 거기서 김 이사장이 "정치 복귀한다."고 대답하면 특종이 되는 상황이었다. 그러자 김 이사장이 "나는 은퇴했습니다. 정치 안 합니다."라고 단호하게 답했다. 편집장이 재차 물었고 답변은 동일했다. 편집장이 "단호하게 자르지 마시고 여지를 남기십시오. 그래야 나중에 복귀하실 때 편해집니다."라고 했지만 그 말에도 김 이사장은 "나는 절대 정치를 하지 않을 겁니다."라고 했다.

거의 두 시간 가까이 인터뷰를 하면서 다방면에 관한 박식한 대화가 오갔다. 당시 조갑제 편집장은 신라의 김유신에 관한 기사를 많이 썼는데 김대중 이사장에게도 김유신에 관한 견해를 물었다. 책을 많이 읽은 김 이사장은 김유신뿐만 아니라 김유신의 아버지 김서현 장군과 원효 대사까지 대화를 폭넓게 펼쳐나갔다.

어느 순간 김 이사장의 비서와 조 편집장, 배석했던 또 한 명이 나가고 나와 김대중 이사장 딱 둘만 남게 되었다. 장소는 코리아나 호텔 내에 있는 식당이었는데 식사를 했는지 안 했는지는 기억나지 않지만 단 둘만 남게 되었을 때의 긴장감은 아직도 떠오른다. 당시 나는 대학을 졸업한 지 4년 차 되는 시점이었다. 잠시 어색한 침묵이 돌 때 내가 먼저 말을 꺼냈다.

"김 이사장님, 다시 정치 하셔야 할 거 같은데요. 요즘 정말 인물이 없다고 다들 난리예요. 모두들 이사장님께서 대통령에 출마하셔야 한다고 하던데요."

그러자 김 이사장께서 "몇 명이나 그러겠어."라더니 곧바로 "경상도네."라고 하셨다. 내가 울산 출신이라고 하자 "내가 경상도에서 농사짓는 분들을 믿었다가 낭패를 봤다. 그 분들 만나면 늘 나한테 선생님 덕분에 우리가 농사짓기 편합니다. 선거에 나오면 찍겠습니다. 그래놓고는 정작 투표할 때가 되면 '우리가 남이가' 하면서 나를 안 찍는단 말야."라고 했다. 그 말을 하고 허허 웃는 김 이사장과 함께 나도 웃으며 "그래도 이번에는 나오시면 찍을 걸요. 이번에는 꼭 되실 거 같은데."라고 하자 다시 허허하고 웃었다. 그때 사람들이 들어왔고 우리의 대화는 끊어졌다. 이듬해 김 이사장은 새정치국민회의를 창당했고 1998년에 제 15대 대통령으로 당선됐다.

박근혜 대통령은 한나라당 대표최고위원 시절에 의원 회관 사무실에서 인터뷰를 했다. 박근혜 대통령은 말을 조리 있게 잘 하지만 수위를 넘는 발언은 조금도 하지 않는 스타일이다. 당시 정치부 출신 베테랑 기자와 함께 갔는데 내가 기사를 쓸 장본인이어서 내가 주로 질문을 했다. 베테랑 기자가 끼어들어 공격적인 질문을 하면 박 의원은 곧바로 "그에 대한 의견을 지금 밝히기는 힘들고……."라며 웃었다.

인터뷰를 마치고 베테랑 기자가 "의원님 저희 밥 한 번 사 주십시오."라고 말했다. 그러자 박 의원이 환하게 웃으며 "그러겠다."고 말했다. 나는 인터뷰하는 내내 50대 초반인 박 의원의 잡티 하나 없고 모공이라곤 보이지 않는 깨끗한 피부와 고운 자태를 감상하느라 정신이 없었다. 군살 하나 없는 호리호리한 몸매까지 완전 여성들의 '워너비 외모'를 갖추고 있었다. 인터뷰를 마치고 나오면서 베테랑 기자한테 "밥 사 달라고 한다고 사 주겠나."고 하자 "그냥 인사로 한 말이지 뭐."라고 했다. 그런데 며칠 후 박의원께서 밥을 사 주겠다며 나오라고 하여 한식집에서 함께 식사를 했다. "밥 한 번 먹자. 다음에 보자."는 건 으레 하는 인사일 뿐인데 우리의 부탁을 그냥 넘기지 않는 모습에 좀 놀랐던 기억이 난다.

한정식집에서 사사로운 이야기를 하면서 식사를 했는데 그 자리에서 결국 참지 못하고 "피부가 정말 곱다. 어떻게 가꾸시나, 몸매 관리는 어떻게 하시나."라고 질문했고 박의원은 "운동을 꾸준히 하고 특별히 피부를 위해 애쓰지 않는다."고 말했다. 식사하는 내내 그윽한 미소를 지으며 친절하게 대해 주었다. 단아하고 단단한 분이라는 느낌을 받았다.

노무현 대통령은 1997년 7월부터 약 석 달간 거의 매일 지켜볼 기회가 있었다. SBS 라디오 '6시간 생방송 뉴스대행진' 정치파트에 노무현 전 의원이 MC로 기용된 것이다. 나는 이어지는 경제파트 작가였는데 우리 방송 시작 전에 노 대통령의 클로징 멘트를 듣곤 했다. 투박한 경상도 말투로 정치 현안을 시원하게 해부하여 인기가 높았으나 잠깐의 외도를 마치고 정치 현장으로 돌아갔다.

대통령을 만났을 때 느낀 공통점을 꼽으라고 한다면 모두가 여유로웠다는 것이다. 흔히 말하는 존재감이 느껴지는 분들이었다. 그분들은 스스로를 '비교 불가능한 존재'라고 의식하는 듯했다. 생래적 근자감이라고나 할까. '근거 없는 자신감'이 아닌 '근거 있는 자신감'을 갖고 있는 듯했다. 하여간 '독야청청'의 포스가 느껴지는 분들이었다. 분명 그간 만난 다른 명사들과 다른 아우라가 있었다. 아마도 그건 '나는 다른 사람들과 다르다'는 의식을 하고 있었기 때문이 아닐까 짐작해 본다. 그 분들은 '대통령 꿈'이 있었고, 그렇기 때문에 다르게 살기 위해 노력했을 테고, 그게 몸에 배어 있었다고 생각한다.

　대통령은 어떻게 하면 될까? 가장 먼저 해야 할 일은 '대통령이 되고 말 테다'라는 결심을 하는 데서 출발한다. 김영삼 대통령은 어릴 때부터 벽에다 '대통령 꿈'을 써서 붙여 놓았다고 한다. 현대사의 회오리 속에서 엉겁결에 대통령이 되어 결국 오욕의 세월을 보내는 분도 있지만, 대부분의 대통령들은 '대통령 결심'을 했기에 대통령이 되었을 것이다. 그와 함께 고난의 세월을 이겨냈기에 그 자리에 오를 수 있었다.

　비록 존경은 못 받는다 하더라도, 각 시대마다 대통령들이 나라를 발전시킨 공적이 분명히 있다. 딱 한 자리, 거기에 오르는 비결도 강한 결심과 노력, 고난을 이기는 힘에서 나온다는 건 주지의 사실이다.

part 04

키워드는
창의성과 소통

❖

part 04

키워드는 창의성과 소통

:: 관점을 업그레이드하라

'이미 있던 것이 훗날에 다시 있을 것이며, 이미 일어났던 일이 훗날에 다시 일어날 것이다. 이 세상에 새것이란 없다.'

솔로몬이 기록한 전도서에 나오는 구절이다. 기원전 4세기에 '이 세상에 새것이란 없다'고 단언했다는 사실이 놀랍다. 엄청난 정보가 축적된 가운데 새로운 것이 계속 쏟아지는 21세기에 창조와 모방의 경계는 과연 어디쯤일까.

우리는 어디선가 본 듯하고, 무슨 책에선가 읽은 듯하고, 예전에 들은 듯한 것에 둘러싸여 살고 있다. 아예 '복고'라는 타이틀을 달고 노골적으로 옛것을 흉내 내는 것들이 날마다 밀려나오는 가운데 '유행은 돌고 돈다'는 말에 세뇌되어 전혀 새롭지 않은데 매료되기도 한다.

쉴 새 없이 새 작품이 발표되는 지금, 다른 작품을 슬쩍 끼워넣은 표절 시비와 원작을 교묘하게 흉내 낸 모방 시비가 끊이지 않는다. 몇 년 전 TV 고발프로그램에서 유명 작곡가의 곡을 분석했는데, 그가 쓴 모든 히트곡의 가장 중요한 부분이 외국 곡을 교묘하게 모방한 것으로 드러났다. 표절곡을 창작곡으로 둔갑시킨 작곡가 때문에 유명 여가수는 음반까지 출시했다가 한동안 활동을 못한 일도 있다. 공전의 히트를 친 드라마가 뒤늦게 표절 판정을 받아 시청자를 허탈하게 만들기도 한다. 국회의원을 지낸 모 씨의 밀리언셀러는 오랜 법정 공방 끝에 표절 판정을 받은 바 있다.

1990년대 초반, 기자 생활을 처음 시작했을 때 자료를 찾으려면 조선일보나 중앙일보 자료실에 가서 스크랩북을 빌려 1장에 200원씩 복사를 해야 했다. 더 다양한 자료를 수집하기 위해 비슷한 주제의 단행본을 찾고 국회도서관에 가서 관련 논문을 뒤지며 복사하는 열성을 보였다.

이제 인터넷을 열어 검색어만 치면 자료가 곧바로 튀어나오는 편한 세상이 되었고, 이른바 짜깁기 책이 시중에 많이 나돌고 있다. 정보 홍수 시대에서 짜깁기의 유혹에 걸려들면 벗어나기가 쉽지 않다. 심지어 내용의 70% 이상을 각종 책에서 발췌한 것으로 채운 경우도 있다. 몇 년 전 각종 예화를 모아 새로울 것 없는 코멘트를 덧붙인 책이 작가의 유명세에 힘입어 밀리언셀러에 오르기도 했다.

남의 손을 빌려 책을 내는 일에도 신중해야 한다. 기념집이나 자서전처럼 평생의 업적을 정리하기 위해 한두 권 정도 낼 때 도움을 받는 건 이해가 되는 일이다. 글 쓰는 일이 업이 아니니 도움을 받을 수도 있다. 하지만 지속적으로 남의 손을 빌려 책을 내면서 작가 행세를 하는 건 위험한 일이다.

몇 년 전 명문대 출신인 미모의 여성이 책을 내기만 하면 베스트셀러에 진입해 부러움을 샀다. 표지에 자신의 사진을 실어 눈길을 끌었는데 방송가까지 섭렵하며 전방위로 활동했다. 그러던 중 모 신문사에서 그간의 저작물이 모두 대필이었다는 사실을 밝혀냈다. 책 내용 속에 다수를 차지하는 '감정'까지 대필 작가의 것이었다는 점이 이슈가 되었다. 메모 수준의 글을 넘기면 대필 작가가 자료를 수집하고 자신의 경험을 가미하여 글을 완성했던 것이다. 며칠에 걸친 자세한 기사가 보도된 이후 미모의 베스트셀러 작가 모습은 더 이상 볼 수가 없게 되었다. 자료조사원이나 보조 작가의 도움을 받는 정도를 넘어서서 아예 집필을 남에게 떠맡기고 갈채와 부를 챙기려다 된통 당한 것이다.

무조건 빨리 가려고 하지 말고, 기초를 다지면서 천천히 나아가는 것이 결국은 이기는 길이다. 좋은 내용이 있는데 예쁜 그릇에 담을 실력이 안 된다면 글솜씨를 길러 좀 천천히 가는 게 좋다. 한 꼭지씩 쓰면서 사사도 받고 도움도 받으면서 마지막까지 자신의 숨결이 들어가도록 노력해야 한다. 시간도 없고 귀찮다며 글 쓰는 일을 남에게 떠넘겨 버리면 다음 책을 낼 때도 똑같은 수순을 밟게 되고, 그로 인해 나중에 문제가 발생할 수도 있다. 남의 손을 빌려서 냈든 어쨌든 판매가 잘 되면 다음 책을 내기가 쉬워진다. 출판사에서 먼저 요청이 오기도 하고, 스스로도 다음 저서를 내고 싶은 생각에 빠지게 된다. 준비 안 된 상황에서 달콤함을 맛봤으니 유혹은 더욱 강렬하다. 하지만 달콤함에 취해있다간 영영 무대 뒤로 사라질 수 있다.

거의 남의 손을 빌려 우뚝 솟았을 때 손을 빌려준 이를 잠재울 방법은 결코 없다고 보면 된다. 숲 속에 가서 혼자 "임금님 귀는 당나귀 귀!"라고 외치는 순진한 이발사는 이제 없기 때문이다. 툭 치고 슬쩍 건드리기만 해도 자료가 쏟아져 나오는 세상이지만 내 것을 내 솜씨로 갈무리할 실력을 갖춰야 한다.

'창작'의 지존이라고 할 수 있는 순수문학에서도 종종 대형 표절 사건이 터진다. 몇 년 전 유명 문학상을 받은 작품집에 다른 사람이 쓴 수필의 중요 부분을 그대로 차용한 소설이 들어있어 문학상을 취소해야 한다는 여론까지 돌았다. 수업 시간에 그 소설을 분석하면서 학생들에게 "이 부분이 작가가 수필에서 차용한 것이다. 어떻게 생각하느냐?"고 묻자 학생들이 이구동성 "이게 핵심인데, 이건 창작이라고 할 수 없죠."라며 개탄했다. 다른 최정상급 작가도 표절 시비로 한동안 신문지상을 떠들썩하게 한 적이 있다.

새것을 만들기가 쉽지 않은 세상인 것만은 분명하다. 예전부터 있었던 모방이나 표절이 요즘 들어 많아진 것처럼 보이는 이유는 인터넷 환경이 발달해 걸러 내기가 쉬워졌기 때문이다. 비슷한 정보를 공유하면서 비슷한 생각을 하게 되는 환경 탓도 있을 것이다. 싸이의 유튜브 공식채널 방문자 수가 30억뷰를 돌파했다는 뉴스에서 알 수 있듯 전 세계 사람들은 이제 같은 것을 보고 들은 뒤 함께 환호하며 비슷한 느낌을 공유한다. 엄청난 양을 접하는 소비자들의 눈과 귀가 까다로워지면서 웬만해서는 진품이 아닌 유사품 판정을 내리는지도 모른다.

휴먼토크에서 자체 개발한 표절검사 솔루션 '안티파이러시 프로페서(Anti-Piracy Professor)'를 국내 대학교 교수에게 무상으로 배포했는데, 인류역사 저작물이 다 입력되는 날 모방검사 솔루션이 전 세계인에게 배포될지도 모르겠다.

어차피 보고 듣고 체험한 것이 창작의 소재가 될 수밖에 없다. 대신 날 것 그대로 내보일 게 아니라 유기적으로 잘 화합시켜 새로운 걸 만들어 내야 한다. 영향을 주고받으면서 사는 현대 사회에서 차별화를 잘해야 하건만 완전한 창작이 점점 힘들어지는 추세이다.

새로운 기준이 필요한 시대, 엄청난 자료가 축적된 시대에 혼자서 연구를 도맡는 건 시간 낭비다. 다른 사람들의 가치 정보를 잘 활용해 차별화된 결과를 도출하는 게 관건이다. 현 상황에서 한 단계 업그레이드하여 새로운 저작물을 창출하겠다는 각오를 해야 한다. 나만의 색깔을 입혀서 독특한 결과물을 내놓아야 하는 것이다. 남들보다 확실하게 한 걸음 더 나갔다는 걸 분명히 보여주는 것, 거기에 해답이 있다.

제아무리 많은 것이 쌓여 있다 하더라도 새시대는 새로움을 요구한다. 새로운 것을 어떻게 만들 것인가. 관점을 달리하는 것도 좋은 방법이다. 주장하고 가르쳐 자기계발을 독려하던 풍토에서 모 작가가 어루만지고 들어주는 '힐링'을 들고 등장하자

대중들은 밀리언셀러로 답했다. 이제 힐링은 가고 독설의 시대가 왔다고들 하는데 독설 다음에는 어떤 키워드가 등장할지 자못 궁금하다.

한 단계 업그레이드하면서 관점을 달리하는 것, 나만의 무기를 갖는 것이 완전한 창작이 힘들어진 시대를 살아가는 비결이다. 그동안 축적된 산물에서 영감을 얻었다면 다음 세대가 자극을 받을 수 있는 결과물을 선물하는 것이 다름 아닌 도도한 역사의 흐름이다.

:: 스마트폰 시대에 발맞추기

'박근혜 대통령의 창조경제, 안철수 의원의 새정치, 김정은의 속마음'을 3대 미스터리로 꼽는다는 우스개가 있을 정도로 다들 창조경제를 잘 모르겠다는 반응이다. 창조경제 관련 인터뷰를 할 때 전문가가 뜬금없이 '뜬구름'을 운운했다. 뜬구름을 잡아 자기 삶에 보탬이 되도록 하는 게 창조경제라며 '창의와 상상'을 생활화하라는 것이었다. 창조경제가 여지 없이 미스터리로 스며든다고 생각했는데 전문가의 설명을 들으니 차차 이해가 되면서 이미 내가 창조경제에 둘러싸여 있는데다 일부 능동적으로 참여하고 있음을 깨달을 수 있었다.

그러니까 창조경제를 '인간의 창의성이 부(富)를 만드는 데 직접 쓰인다, 시설 투자 없이 아이디어가 생산을 해낸다'쯤으로 해석할 수 있겠다. 지난 2000년에 창조경제를 주창한 선진국들보다 10여 년 늦게 출발했지만, 기술과 융합이라는 두 마리 토끼를 가진 우리나라는 2,3년 사이에 창조경제 분야에서 괄목할 만한 성과를 올리는 중이다.

전문가는 '배고픈 시대'를 벗어나 '배 아픈 시대'로 옮아온 지금 '중산층 살리기' 숙제는 정부에 맡기고, 집단지성이라는 생산요소를 활용해 시대를 주도하는 스티브 잡스(Steve Jobs)가 되라고 주문했다.

미스터리든, 이해를 못했든, 외면했든 간에 우리는 창조경제의 한가운데로 이미 들어와 있다. 수동 타자기를 챙겨 들고 입학한 대학에서 워드프로세서를 구입했고, 졸업하자마자 노트북 컴퓨터를 장만하느라 숨 가빴던 시절을 회상하니 구석기시대를 돌아보는 기분이다. 1997년 SBS 라디오 작가로 일할 때 작가실 컴퓨터에 인터넷이 설치되면서 렛츠고 아이디를 갖게 되었다. 하지만 부팅하는 데만 한 시간이 걸려 속이 터지는 줄 알았는데 1999년 경에 속도가 조금 빨라지면서 아줌마팬들이 슬슬 형성되기 시작했다. 나만이 아닌, 많은 아줌마가 스타를 좋아한다는 사실을 확인하면서 새로운 팬덤이 형성된 것이다. 그 전까지 라디오국을 통해 팬들이 연예인들에게 전달하는 선물이라고 해봐야 10대들이 보내온 종이로 접은 장미다발, 간단한 기념품 정도였다. 그런데 1999년부터 다양한 팬층으로부터 비싼 과일바구니를 비롯해 가격 면에서 격상된 선물이 배달되기 시작했다. 2002년경부터 인터넷 속도가 엄청나게 빨라지면서 사이버 세상이 활짝 열렸다. 사람마다 체감 속도나 변화 기기가 다르겠으나 내가 접한 것을 유추해 보니 대충 이런 수순이다.

변화의 핵은 역시 스마트폰이다. 1996년 휴대전화를 사용하기 시작한 나는 2007년에 스마트폰으로 갈아탔다. 2010년에 스마트폰 보급률이 폭발적으로 늘었고, 이제 3300만 명이 스마트폰으로 서로를 묶고 있다.

스마트한 세상에서 크게 늘어난 인구는 단연 '글 쓰는 자'들이다. 요즘 거의 대부분이 페이스북과 트위터, 카카오톡을 통해 '심경 발표'와 '일상 공개'를 하고 블로그에 단상을 올리면서 각종 책의 서평을 쓴다. 더 적극적인 이들은 1인 미디어를 운영하거나 인터넷 매체의 시민 기자로 활동한다.

'1인 1책 갖기'를 주창하는 에이전시들이 전 국민에게 책 쓰기를 종용하고, 수십 군데 문예창작학과에서 예비 작가를 배출하고 있으며, 여러 아카데미에서 글쓰기 강좌를 운영하고 있다. 작가 개인이 개설한 글쓰기 교실들도 많다. 글 쓰는 이가 많아졌고, 그들은 어쩔 수 없이 스마트폰이 바꿔 놓은 창조적 환경의 지배 또는 수혜를 받고 있다. 엄청난 정보와 편리한 인프라에서 '용기' 얻은 이들의 책이 쏟아지는 중이다.

2008년에 2권의 책을 낸 뒤 잠시 쉬다가 2012년 9월부터 3권의 책을 연이어 냈는데, 홍보 환경이 엄청나게 달라졌음을 체감할 수 있었다. 일단 책 발송처가 확대되었다. 소셜네트워크서비스

(SNS) 활동을 활발하게 하는 이들을 따로 챙겨야 했다. 모두가 스마트폰을 들고 다니는 시대에는 페이스북 강자들과 파워 트위터리안들이 갑이기 때문이다. 실제로 SNS를 움직이는 개인들이 여기저기서 각광받고 있다. 기업들도 '슈퍼갑'의 환심을 사기 위해 각종 이벤트에 이들을 초대한다. 멋진 호텔에 묵으면서 외제 차 시승 행사에 참석했던 파워 블로거에게도 정성스레 책을 보냈다. 지면으로 얼굴을 알리는 것도 면구스럽건만 팟캐스트 출연도 거부할 수 없는 대세였다.

알릴 창구는 많아졌지만 스마트폰 출현 이후 출판 시장의 불황이 깊어졌다고 아우성이다. 예전에는 지하철에서 책 읽는 사람이 많았으나 요즘은 하나같이 스마트폰에 눈을 박고 있다. 창조경제 전문가와 인터뷰를 하다 말고 "스마트폰 출현 이후 쏠림 현상이 더 심해져 안 팔리는 책은 아예 안 팔린다."고 하소연을 털어놨다. 그랬더니 전문가는 "다이제스트를 만들어 마구 퍼뜨리고 웹툰 작가와 손잡고 만화라도 그려 눈길을 끌어라. 시류에 맞게 노출시켜라. 다양한 도구를 이용하라."고 했다. 그러면서 싸이 현상과 한류 열풍은 잘 닦인 사이버 인프라를 활용했기 때문이라며 적극성을 발휘하라고 권유했다. 나아가 크리에이티브를 갈망하던 대중은 최고가 나오면 열광한다며 "쏠림 현상의 주인공이 되고 싶다면 분발하라. 1억 명이 볼 걸 4억 명이 보니 시장은 더 커졌다. 흐름을 타라."고 조언했다.

창조경제, 알 듯 말 듯하다. 어쨌든 세상은 달라졌고 새로운 환경에 적응하는 이에게 유리한 국면이 펼쳐질 게 분명하다. 영화 한 편을 1초 만에 다운받는 세상도 놀라운데 20년 뒤면 3만 년 인류 역사의 저작품이 스마트폰에 다 들어가고 15초면 다운로드가 가능해진단다. 전문가는 '엄청난 자료를 활용해 남보다 한 발 앞서 나가는 게 창조경제의 해법'이라고 단언했다. 기억에 남는 건 "남의 경험을 활용하더라도 내 것이 없으면 안 된다. 창조경제 시대에도 '기브 앤드 테이크' 법칙은 어김없이 적용된다. 나만의 능력을 철저히 개발해야 한다."는 말이다.

최고의 인프라가 갖춰진 나라 국민인데다 전문가가 친절하게 해답까지 일러 줬건만 머리가 아프다. 머릿속이 복잡할 땐 단순하게 정리한 뒤 맹렬히 달리는 수밖에 없다.

:: 경제도 창의다

취재와 관련한 책들을 의무적으로 읽느라 내 취향과 상관없는 내용들을 많이 접했다. 특히 2011년부터 2년 6개월간 '중년의 남성 독자'가 주 독자층인 잡지에 '소설가 이근미의 북리뷰'를 기고하느라 취향과 동떨어진 책을 자주 읽었다. 신간 선정은 내 몫이지만, 때로 편집 쪽에서 의뢰를 하는 경우도 있는데 그런 책은 대부분 경제 서적이었다. 경제 서적은 필연적으로 미래 예측을 담고 있는데, 공통적으로 창의적인 사고가 경제를 발전시킨다고 결론 내렸다.

경제학자이자 컨설턴트로 활약 중인 우메어 하크(Umair Haque)가 2011년 8월에 낸 『새로운 자본주의 선언』은 '새로운'이라는 수식어답게 신선한 내용이 많았다. 세계적인 연구소 하바스 미디어 랩의 소장인 그는 '21세기형 기업을 건설하기 위한 청사진'을 이 책에서 제시했다.

21세기는 '깊이가 있으면서 밀도가 높은 두터운 가치를 창조하는 자본주의'로 옮겨 가야 한다는 것이 하크의 제안이다. 그러기 위해서는 가치 사슬 대신 '가치 사이클'로 변환하고, 가치 제안에서 '가치 대화'로 나아가고, 경쟁 전략보다는 '철학'을 확실히 세우고, 시장 보호를 넘어서서 '시장 완성'을 추구하고, 차별화된 제품에 그치지 않고 '인간의 삶에 의미 있는 차이를 만드는 제품'으로 발전해야 한다고 주장한다.

우메어 하크는 유명 기업 250개 가운데 15개만이 새로운 자본주의를 이끌어 갈 바람직한 환경에 적응 중이라고 진단했다. 애플(Apple), 구글(Google), 타타(Tata), 닌텐도(Nintendo), 스레드리스 (Threadless), 레고(Lego), 인터페이스(Interface), 유니레버(Unilever), 나이키 (Nike), 홀푸드(Whole Foods), 월마트(Walmart), 방코 콤파르타모스(Banco Compartamos), 스타벅스(Starbucks), 위키피디아(Wikipedia), 그라민은행 (Grameen Bank)이 다른 기업들과 확연히 다른 행보로 앞서나가는 비결을 이 책에 담았다. 아울러 현상 유지에 급급한 소니(Sony), 야후 (Yahoo), 아디다스(Adidas), 맥도날드(Mcdonalds), 브리태니커(Britannica), 갭 (Gap)등의 문제점도 분석했다.

하크는 승승장구하는 21세기 기업들은 환경을 생각하는 기업,

소비자의 의견에 귀를 기울이는 기업, 생산자와 이익을 공유하는 공정무역의 선구자들이라고 규정했다. 소비자와 함께하면서 생산자의 복지를 챙겨 주고 지구 환경을 지키면서 이윤 초과분을 되돌려주는 회사, 이런 회사가 앞서간다는 게 하크의 결론이다. 하크의 얘기를 종합하면, 창의적인 아이디어로 소비자와 함께하는 회사들이 성공한다는 것이다. 남과 다른 제품, 남과 다른 서비스가 소비자를 사로잡는다.

맥킨지에 따르면 1935년에 90년이었던 기업의 평균수명이 1955년에는 45년으로 줄었고, 1975년 30년, 1995년 22년으로 줄었다. 이제는 창업 이후 10년 이상 지속하는 기업을 찾기가 쉽지 않다. 한국 100대 그룹의 평균 역사는 49.2년에 불과하다. 한국 기업 중 가장 오래된 기업은 두산으로 1896년에 창립했다. 국내 중소기업 중 창업 후 3년 넘게 사업을 이어가는 비율이 절반 수준밖에 안 된다. 이런 가운데 345년간 12세대를 거쳐 내려오고 있는 독일 기업 머크(Merck)가 기업들의 벤치마킹 대상이 되고 있다.

2012년 8월에 발간한 『머크 웨이』에서 가장 눈에 띄는 대목은 머크가 '가족 기업'이라는 점이다. 머크 가문은 소유와 경영을 분리하면서도 경영에 선택적으로 참여하고 있다. 머크 가문이 주식의 70%를 보유하고 일반인들이 30%를 보유하는 형태로 운영한다. 오너 경영의 장점과 현대식 기업 경영의 조화를 이루고 있는 셈이다. 우리 사회는 가족 기업을 곱지 않은 시선으로 보지만 가족 기업은 신속한 의사 결정, 고용구조의 안정화, 책임 경영 도모

등 다양한 장점이 있다. 기업을 다음 세대에 물려줄 자산으로 여기기 때문에 장기적 안목에서 경영 계획을 수립하게 된다.

세계적인 의약·화학 기업인 머크가 생산하는 대표적인 다섯 개의 품목은 항암제, 코팅제, 노화 방지 화장품 원료, 세포 계수기, 액정이다. 연관성이 적어 보이는 액정을 이 회사는 1904년부터 연구하기 시작했다. 당시에는 응용 분야가 없었지만 그럼에도 연구 개발을 꾸준히 하여 1989년에 이 분야에서만 1,000여 건의 특허를 확보했다. 그러다 1990년대 중후반 액정에 대한 연구가 활발해지기 시작했을 때 곧바로 치고 나왔고, 이 후 머크의 대표적인 상품 가운데 하나가 되었다. 가족 기업이기에 장기적인 연구가 가능했다는 평가이다. 끊임없이 연구하고 창조하여 1,000여 건의 특허를 선점했다는 점을 특히 눈여겨봐야 한다. 기업이든 개인이든 지속적으로 노력하는 가운데 창의성을 발휘해야 살아남는다.

부(富)가 어디로 이동할 것인가. 많은 사람의 관심사이다. 최윤식 아시아미래인재연구소 소장은 공저자들과 함께 미래 예측 관련 서적 3권을 연이어 내놓았다. 『2030년 부의 미래지도』, 『2020 부의 전쟁 in Asia』에 이어 2011년 10월 『부의 정석』을 출간했다. 『부의 정석』의 부제는 '한국인의 6가지 걱정에 답한다'이다. 한국인의 6가지 걱정은 '부동산 버블 붕괴, 자산 가치 하락, 부채의 덫, 일자리 감소, 퇴직 연금 붕괴, 세금 폭탄'이다.

저자는 새로운 부를 가꾸려면 공부하고, 생각을 바꾸고, 돈보다 삶을 먼저 봐야 한다고 권한다. 부의 에너지는 돈이 아닌 지식이며 부의 기초 체력을 기르기 위해 '미래, 사고, 금융, 실용, 사람'에 대한 지식을 길러야 한다는 것이다.

부의 글로벌 전쟁 소용돌이 속에서 자신과 가족을 지키려면 '보험, 연금, 빚, 부동산, 주식, 소비생활'이라는 방패를 리모델링하고 '소득 효과, 좋은 투자 효과'라는 창을 잘 사용해야 한다. 또한 3개의 통장을 만들어 현금 흐름을 예의 주시하면서 부를 관리하는 시뮬레이션 표를 가동하고 자산을 현명하게 투자할 필요가 있다.

현실이 암울한 건 사실이지만 저자는 꿈을 통해 부를 창출할 수 있다고 강변한다. 부자들은 자산 설계나 자산 투자를 하기 전에 '인생 설계'부터 한다는 것이다. 막연히 돈을 벌겠다는 생각보다 자신의 인생 전반에 대한 꿈과 목표를 세우면 훨씬 큰 효과를 얻게 된다. 거기에 '혁신적으로 미래 방향 설정하기, 혁신적으로 리드하기' 능력을 개발하면 금상첨화이다. 필자는 부가 꿈에서 온다고 강조한다. 꿈이야말로 우리의 머릿속에 있고, 창의적인 생각이 부를 불러온다.

3권의 경제 서적에서 말하는 공통점은 끊임없이 새로운 것을 창조하라는 것이다. 그리고 부가 쌓이면 나누라고 속삭인다. 이를 실천하기 위해서는 타인의 의견에 귀 기울이고, 묵은 생각을 버려야 한다.

30년을 한 세대로 구분했지만 이제 3년만 차이 나도 사고 체계가 다르다는 말이 나온다. 심지어 3개월 차이로 세대를 나누어야 한다는 우스개도 있다. 세상은 새로운 자극을 원한다. 기초를 단단히 하며 실력을 기르되 신선한 바람과 늘 함께 해야 한다. 특히 시장을 고스란히 반영하는 경제 분야는 늘 창의적인 생각으로 임해야 한다.

:: 다채롭게 날카롭게

부가 대물림되고, 중산층이 점점 줄어들면서 개천에서 용이 나는 시대는 끝났다고들 한다. 과연 그럴까. 2013년 7월에 재벌닷컴이 공개한 자산 1조 원 이상의 대한민국 슈퍼 부자 28인 가운데 포함된 김정주 엔엑스씨 회장과 김택진 엔씨소프트 사장은 상속형 부자가 아닌 자수성가형 부자이다. 이들 외에도 자수성가형 부자들인 여러 게임 업체 수장이 400대 부자에 진입했다.

『여성조선』 2002년 11월호에 '한국의 최고 부자 여성 50명, 돈과 인생이 궁금하다'라는 기사를 기고하면서 당대에 엄청난 부를 이룰 확률이 10% 정도 될 거라는 확신이 들었다. 월간 『에쿼터블(EQUITABLE)』 10월호에 '2002년 한국의 50대 여성 부호' 리스트가 발표되었는데 거기에 오른 50명의 여성들을 분석하여 쓴 기사였다. 에쿼터블은 상장주식과 비상장주식을 바탕으로 부자 리스트를 발표하기 때문에 해마다 순위가 달라진다.

50명의 리스트를 살펴보니 45명은 이름만 대면 알 만한 재벌

총수의 어머니, 부인, 딸, 며느리였으나 5명은 자수성가한 이들이었다. 5명 중 2명은 남편과 힘을 합쳐 부자가 되었고 2명은 독신의 몸으로 몇 백억 자산가가 된 이른바 골드미스였고 한 명은 '돌싱'이었다.

남편과 함께 부자가 된 사람의 사업 종목은 교육 관련 업종이었다. 독신자는 게임, 컴퓨터 솔루션, 캐릭터 분야였다. 대단한 재벌들과 어깨를 나란히 하는 신흥 부자들, 그들이 고수가 가야 할 길을 함축적으로 말해 주고 있다. 다섯 명의 여자 부자들은 아이디어와 기술력을 바탕으로 확고한 경영으로 회사를 궤도에 올린 후 코스닥에 상장하여 주식 부자가 되었다. 지하실에서 책상 하나로 시작하여 밤잠을 설칠 정도로 열심히 했다는 공통점도 갖고 있다. 창의적인 생각으로 열심히 하면 거부의 길도 그리 멀지 않다는 뜻이다.

지인 가운데 아이디어 하나로 단숨에 부자가 된 인물이 있다. 그는 부자와는 거리가 멀어도 한참 멀었던 인물이다. 하지만 이제 달라졌다. 그는 오래전 '개그콘서트'에서 패러디됐던 업체를 창업한 인물이다. 우리나라에서 최초로 벨소리 다운을 시작해 돈을 벌었다. 문학을 전공하고 정식으로 등단한 시인인 그는 대학 졸업 후 출판사를 비롯한 여러 업체에서 일했다. 1998년에 자발적 백수가 된 뒤 또 한 명의 백수 친구와 구닥다리 르망을 타고 다니면서 돈 벌 궁리를 시작했다.

둘은 따르릉, 띠리리 거리는 벨소리가 너무 단조롭다는 생각에서 음악벨을 구상하게 되었다. 대기업에서도 벨소리 바꾸는 작업을 시도했지만 불가능하다는 결론을 내린 시점이었다. 핸드폰 제조 회사 연구원과 이동통신사 연구소, 상품 기획자들도 만나 봤지만 각각의 기술은 갖고 있으나 그것을 조합하지 못해 완전한 상품을 못 만들어 내고 있었다.

둘은 핸드폰 부저음을 단문 메시지 서비스(SMS, Short Message Service) 코드로 바꾸어 무선으로 다운받는 일에 착수했다. 결과는 대성공이었다. 시인은 "우리는 통신에 대해 무식했기 때문에 용감했다. 다들 SMS는 문자만 가능하다고 생각하고 있었다. 그러니까 이 사업은 콜럼버스의 달걀이었다. 아주 단순한 일이었다. 시간이 많았던 우리는 성공할 거라는 꿈을 꾸며 돌아다녔다."라고 회상했다. 가입자에게 돈을 어떻게 받을까 연구하다가 이미지가 좋지 않았던 700서비스를 채택했고, 결과는 대박이었다. 하루에 벨소리를 네 번씩 바꾸는 열혈 사용자들이 속출하면서 회사가 쑥쑥 커나갔다.

두 사람이 설립한 회사는 1999년 6월 법인 인가를 받았고 3년이 안 되어 코스닥에 등록했다. 당시로선 최단 기간 코스닥 등록 기록이다. 두 사람은 전혀 다른 분야의 일을 하게 되면서, 누구보다 열심히 공부하고 열심히 뛰었다. 그는 "아이디어 하나로 쉽게 돈 번 줄 아는 사람들이 많지만 '잡상인' 취급 받으면서 어렵게 일을 시작했고, 이통사, 핸드폰 제조사 등 당대 굴지의 회사 엘리트들과 싸워서 시장을 개척하는 게 쉽지 않았다."고 회고했다. 주변 친구들은 수많은 직원을 거느리고 축구장만한 사무실에서 일하는 두 전직 백수에게 경의를 표했다. 이들이 성공한 이후 많은 회사가 벤치마킹을 하여 비슷한 사업을 시작했다.

두 사람은 2006년에 회사를 다른 사람에게 넘기고 본연의 자세로 돌아왔다. 시인은 시를 다시 쓰기 위해 대학원에 진학했다. 돈을 얼마나 벌었냐는 질문에 시인은 "남부럽지 않게."라고 답했다.

'작은 아이디어가 부자를 탄생시킨다. 아이디어, 거기에 부자의 길이 있다.'

몇 년 만에 엄청난 부자로 변모하는 것을 지켜본 이들이 곱씹는 말이다. 작은 아이디어, 그것을 찾기가 쉽지는 않겠지만 분명 어딘가에 있고, 시대와 딱 맞으면 부풀어 오를 것은 자명한 일이다.

프리랜서로 시작하여 중견 사업가로 변신한 사람이 수두룩하다. 여성지 기자 출신들은 "여성지는 대중문화의 본산으로 안 다루는 콘셉트가 없다. 좀 과장하면 강남에 건물 갖고 있는 전문가들 가운데 여성지 덕을 안 본 사람 없다고 해도 과언이 아니다."라고 말하곤 한다. 구태여 따져 보지 않아도 웬만한 헤어디자이너, 메이크업 아티스트, 요리전문가, 스타일리스트가 잡지와 방송을 통해서 성장했다는 건 주지의 사실이다. 잡지에서 메이크업 아티스트로 활약하다가 영화나 연극 쪽으로 진출하여 유명해진 사람들도 있다. 뷰티숍을 차리거나 화장품 회사를 론칭하여 성공한 사람도 여럿 있다.

스타일리스트로 출발해 사업을 활발하게 하는 전설적인 인물들도 있다. 스타일리스트들의 경쟁력은 얼마나 많은 스타를 관리하느냐에서 생긴다. 여러 톱스타와 친한 스타일리스트로 소문나면 론칭쇼를 총괄해 달라는 요청을 받게 된다. 브랜드 론칭쇼는 얼마나 대단한 톱스타들이 포토월에 섰느냐로 성패가 가늠되기 때문에 스타일리스트만 잘 기용하면 행사 당일 톱스타들이 줄줄이 방문한다.

여러 유명 배우들과 격의 없이 지내는 한 스타일리스트는 그 인맥으로 단숨에 성공한 사업가 대열에 들었다. 스타일리스트가 톱스타와 친해지기 위해서 각고의 노력을 했음은 두말하면 잔소리이다. 톱스타들이 단순히 친절하다고 해서 감동받지는 않았을 것이다. 자신을 최고로 만들어 주는 실력을 갖추었기에 그를 선택했음이 분명하다. 열심히 하는 것은 물론이고 감각이 남달랐기 때문이리라.

강남에 건물을 보유한 사업가로 성장하기 위해서는 '감각' 외에 '비즈니스 마인드'를 갖춰야 한다. 작은 인터넷 쇼핑몰에 머무느냐, 단계마다 도약해서 빌딩 소유주가 되느냐, 그건 도약할 시점에 과감한 결정을 했느냐, 안 했느냐 에서 갈린다.

확실한 실력을 바탕으로 창의적인 생각과 발로 뛴 사람들, 결국 그들이 두각을 나타낸다. 지금 하는 일과 사업과의 연관성, 창의성, 그리고 배포를 스스로 판단해 보라.

20년 넘게 패션 전문기자로 일한 K는 자신이 일을 의뢰했던 사람들이 사업가로 변신한 모습을 보면 여러 생각이 든다고 했다. "기자들은 모범생 스타일이 많다. 회사라는 온실, 때마다 나오는 월급과 보너스, 언제든 떠날 수 있는 해외 출장은 쉽게 놓치기 힘든 당근."이라고 덧붙였다.

K와 함께 일했던 강남의 사업가들은 도전을 일상화하여 성공에 이르렀다. 넘치는 기개로 척박한 땅을 일군 것이다. 안전한 울타리는 없으니 창의적인 생각으로 자신을 무장하고 도약을 꿈꾸라. 세상을 다채롭게 디자인할 날카로운 감성을 벼리며.

:: 창의적인 콘텐츠로 승부하라

요즘 다들 힘들다고 아우성이다. 대체 언제가 좋은 시절이었단 말인가. 1990년대 초반에 대학을 졸업한 내 입장에서 본다면 외환위기가 오기 전까지가 '봄 날씨'였던 것 같다. 그때만 해도 힘들다는 말보다 새로 딴 프로젝트 진행에 관한 얘기를 하느라 다들 바빴으니까. 대단찮은 매체의 기자로 일하다가 프리랜서로 나선 나를 찾는 데가 많아 몹시 분주했다. 회사마다 사내보와 사외보를 따로 발행하고 역사가 몇 년 안 된 회사들도 『5년사』, 『10년사』를 발간해 기획사들과 필자들의 일거리가 넘쳐났다.

1995년 『월간조선』에서 신년호 부록으로 '한국인의 성적표'를 발간할 때 팀장의 지휘 아래 한 달 내내 정신을 못 차릴 정도로 바쁘게 일했다. 1945년 광복 당시부터 50년 동안 대한민국이 얼마나 발전했는지 알아보는 기획이었다. 36년의 일제 강점기와 한국전쟁을 거치면서 초토화된 나라가 단숨에 성장을 이룩하여 놀라운 성과를 냈다. 세계와 대등한 경쟁을 벌이는 종목이 많아 책을 만들던 기자들이 먼저 놀랐다. 피와 땀과 눈물로 놀라운 성장을 이룩한 아버지 세대에 박수를 보내지 않을 수 없다.

1년 뒤, 각 산업의 10년 후를 예측하는 특집을 기획했다. '한국인의 성적표'를 만들 때는 팀원이었지만 '10년 후 예측 특집'은 진행부장의 지휘아래 내가 전체 진행을 맡았다. 일 년 전의 경험을 바탕으로 각 항목을 정해 전문가들에게 기고를 받고 선물거래 전문가를 인터뷰했다. 모든 게 핑크빛이었다. 우리나라는 펀더멘탈이 튼튼해서 앞으로도 일사천리로 질주할 것이라는 게 전체적인 의견이었다. 2005년이 되면 우리나라가 G7에 포함될 거라고도 했다.

한마디로 거칠 게 없었다. 이 모든 것을 지휘할 국가 지도자만 잘 뽑으면 만사형통이었다. 그런데 편집장이 앞날을 예견했는지 어쨌는지 특집이 완성되었음에도 불구하고 부록을 발행하지 않았다.

당시 국가 지도자를 비롯하여 지도급 인사들이 버릇처럼 했던 말이 있다.

"국운(國運)이 열려있다. 우리나라에 대운(大運)이 들었다. 앞으로 다 잘될 것이다."

국가 지도자가 대운을 보장하니 국민은 안심하고 희희낙락했다. 언제든 돈을 벌 수 있을 거라 생각하여 펑펑 쓰고, 대출을 얻어서 사업 규모를 키웠다.

1997년 7월부터 SBS 라디오에서 '6시간 생방송 뉴스대행진' 경제 파트 메인 작가로 일하게 되었다. 낮 12시부터 오후 6시까지

2시간씩 정치, 경제, 사회 현안을 다루는 프로그램으로 정치 파트 진행자는 노무현 전 대통령이었다. 정치 일선에서 잠시 물러나 있을 때 그 프로그램을 3개월 정도 맡아 김자영 아나운서와 함께 진행했다. 경제 프로그램은 시사평론가 김찬식 씨가 맡았다가 엄효섭 논설 위원이 진행했고 사회 파트는 전여옥 전 의원이 정홍택 당시 한국영상자료원 이사장과 공동으로 맡았다. 노무현·전여옥 두 MC가 대통령과 국회의원이 되기 전의 일이다.

나는 2시 20분부터 4시까지 진행하는 경제 파트를 작가를 맡았는데 아침 9시면 방송국에 나와 각종 뉴스를 살펴보면서 오프닝 4꼭지를 썼다. 그런 다음 PD가 그날의 이슈에 맞는 경제 전문가를 섭외하여 명단을 넘겨주면 통화를 하여 생방송 대담 질문지를 작성했다. 이미 태국의 바트화가 불안정하는 등 이상 기류가 나타났지만 방송은 매일 평온했다. 대한민국의 내로라하는 전문가 가운데 불과 몇 달 뒤에 닥칠 국가 부도를 예견하는 이는 없었다. 가끔 경제 위기를 걱정하는 목소리가 있었으나 "우리 경제는 안전하다. 펀더멘탈이 탄탄해 걱정 없다."는 얘기가 대부분이었다.

하지만 그해 12월 외환 위기가 몰아닥치면서 국가가 부도 위기에 몰렸다. 대한민국은 한 순간에 움츠러들었다. 국운과 대운은 어디론가 날아가 버리고, 경제전문가들은 한결같이 어두운 전망만 쏟아 냈다.

20여개나 되던 광고가 추풍낙엽처럼 떨어져 나가더니 얼마 안 가 3부에 딱 하나만 남았다. '마지막 잎새'가 떨어지면 라디오국이 문을 닫는 거 아닌가 하는 불안감이 엄습했다. 작가들도 대거 잘리고 원고료도 삭감되었다.

나라가 흔들흔들하면 개인 생활이 안전할 리 없다. 당시 기획사를 운영하던 친구 둘은 부도를 내고 빚쟁이가 되어 어디론가 잠적한 뒤 지금까지 연락이 없다. 프리랜서로 일하던 주변 친구들은 하루아침에 일감이 뚝 떨어졌다. 회사마다 사사와 사보 제작을 중단했고 그 불똥이 작은 기획사와 필자들에게 튀었다. 당시 사사 5개와 사보 40개를 제작하던 대형 기획사가 갑자기 불어닥친 해약 태풍에 일감이 사사 1개와 사보 5개로 줄어들자 직원들을 대거 해고했다가 끝내 문을 닫았다.

그런데 IMF 태풍에도 끄떡없는 친구들이 있었다. 당시 SBS 라디오국의 FM 쪽은 대개 작가가 4명이었다. 뉴스 프로그램을 주로 다루는 AM(현재 표준 FM) 쪽은 작가가 2명이었다. 라디오국의 광고가 뚝뚝 떨어지자 각 프로그램마다 작가를 반으로 줄이라는 명령이 하달되었다. 대개의 FM 프로그램은 메인 작가 1명, 중간급 작가 2명, 막내 작가 1명이 일하고 있었는데 반을 자르라면 과연 누구를 내보내야 할 것인가. 강의하러 가서 퀴즈를 내면 대개 경비를 생각해서인지 메인 작가를 잘라야 한다고 답한다. 정답은 중간급 작가 2명이다. 메인 작가 1명은 대체가 불가능하기 때문이다. 메인 작가가 중간급 작가가 하는 일까지 맡고 막내가 허드렛일을 하는 것으로 시스템이 바뀌었다.

라디오 방송은 트렌드를 이끌어 나가는 최첨단 매체로 매일 창의적인 생각을 쏟아 내야 한다. 나이 어린 쪽이 더 창의적이고 트렌드에 민감할 거라고 생각하기 쉽지만, 당시 살아남은 작가들은 각 프로그램의 최고령자들이었다. 창의적인 생각은 나이와 상관없는 것이다. 그때 그 메인 작가들이 십 수년이 지난 지금도 일하고 있으며 그 중 한 명은 2012년 연말 시상식에서 상까지 받았다. 그녀들은 40대와 50대가 되었지만 여전히 통통 튀는 어휘와 반짝이는 아이디어로 프로그램을 이끌어 간다.

그 태풍 속에서 살아남은 또다른 군단은 중간급 작가들 중에서 "보수를 받지 않고 일하겠다. 경력 쌓는 게 더 중요하다."며 메인 작가 옆에 잔류한 이들이다. 그들은 잠시 보수를 받지 못했지만 얼마 안 가 정식으로 다시 일하게 되었고 경력을 탄탄하게 쌓아 지금 메인 작가로 눈부신 활약을 하고 있다.

시사 프로그램 메인 작가였던 나는 막내 작가가 나간 뒤 혼자서 일해야 했다. 원고를 쓰고, 방송 때 새로운 뉴스를 선별해 계속 스튜디오로 들이밀고, 전문가들을 전화로 연결하면서 두 시간 내내 정신을 차릴 수 없을 정도로 바빴다. 작가들은 원고료가 하향 조정되고 각 프로그램 MC들도 출연료가 깎였지만 일할 수 있어 감사한 시절이었다.

IMF 태풍을 지나면서 근거 없는 막연한 기대가 얼마나 허망한 것인가를 실감했다. IMF 이후 공개적으로 '국운', '대운' 운운하는 일이 사라졌다. 외환 위기를 거치면서 그게 얼마나 뜬구름 잡는 얘기인지 깨달았기 때문일 것이다. 혹독한 외환 위기를 거치면서 우리나라 사람들은 막연한 감(感)을 갖고 떠드는 건 더 이상 안 된다는 교훈을 깨달았다.

외환 위기 이후 구조 조정이니 시스템이니 하는 얘기가 자주 들려왔고 회사마다 대규모 수술을 감행했다. 그 과정에서 튼튼해진 회사들도 많다. 개인의 희생이 컸고, 갑자기 맞은 IMF 쓰나미로 건실했던 기획사들이 쓸려 가버린 아픔도 있다.

글로벌시대에 들려오는 것은 콘텐츠, 창조 경제 같은 단어이다. 전 세계가 창의성이라는 무기를 사용하여 전쟁하고 있다. 국가도, 개인도 어떻게 하면 더 창의적으로 살 것인가를 논의해야 할 때이다.

:: 지금은 문화에 투자할 때

이태 전 재정이 넉넉하다고 소문난 도시의 문예진흥기금 수여 심사 위원으로 위촉된 적이 있다. 해당 도시에 살지 않는 외부 인사를 한 사람 위촉해야 한다는 규정에 따라 내가 선정된 것이다. 심사에 앞서 심사 위원장이 몇 가지 지침을 정해 주었다. 기존에 계속 해오던 분야는 기금을 계속 배정해야 한다는 것이었다. 그렇지 않으면 문예지 발간을 비롯한 지역 행사를 아예 치를 수 없게 되기 때문이라고 했다.

지침에 따라 배분을 하고 보니 궁벽한 곳까지 샅샅이 뒤져서 향토지도를 만든 사람, 구전되는 민요를 채집한 사람, 깊은 산속까지 뒤져 너와집들을 찾아 낸 사람 등등 귀중한 일을 한 개인들에게 돌아갈 기금이 많지 않았다. 심사 위원들이 머리를 맞대고 의미있는 일에 배분하기 위해 애쓰다 보니 원래 계획했던 시간이 훨씬 지나서 일을 마치게 되었다.

담당 공무원에게 "부자 도시인데 의미 있는 일에 팍팍 지원하면 안 되냐?"고 물었더니 "재정이 항상 부족하다. 어찌된 셈인지 매년 문화 행사는 늘어나는데 예산은 동결되거나 줄기만 한다."는 고충을 토로했다. 기업들이 생색이 나지 않는 일에는 지원을 잘 하지 않는다는 얘기도 덧붙였다.

2013년에 그렇지 않아도 넉넉지 않은 문화 예산이 삭감된다는 소식이 들려와 여기저기서 탄식을 내뿜었다. 예산이 삭감되면 활동이 위축될 수밖에 없다. 현 정권이 주창한 창조경제에도 영향을 미칠 것이다. SNS의 보급으로 창의적 콘텐츠가 전 세계로 빠르게 전파되고, 그로 인해 다양한 현상이 일고 있다. 〈겨울연가〉가 한류의 포문을 연 이래 〈대장금〉, 〈주몽〉 등의 드라마가 세계를 흔들었고, 〈설국열차〉를 비롯한 한국 영화도 좋은 성과를 냈다. 전 세계를 달아오르게 만든 아이돌 가수들과 싸이의 〈강남스타일〉은 이미 신화가 되었다.

한류 콘텐츠로 인해 관광객이 늘고 화장품을 비롯한 한국 제품의 수출도 덩달아 늘었다. 경제적 효과 이외에도 국가 이미지와 브랜드 가치를 높이는 데도 큰 기여를 하고 있다. 지속적으로 문화 콘텐츠를 개발해 관광객들의 마음을 사로잡아야 할 때 들려온 삭감 소식이라 더욱 유감이다.

우리나라 발전에는 우수한 인적자원이 있었다. 먹을 것도 없던 시절에 우골탑을 쌓으며 부모들은 자식을 공부시켰다. 당장 한 사람의 집안 일꾼보다 먼 미래를 내다보고 나라의 일꾼을 키웠기에 우리나라가 번영한 것이다. 당장 눈에 보이는 성과로 박수를 받는 일에 돈을 쓰기보다 나라의 미래를 보장할 '문화'에 지혜롭게 투자할 때이다.

문화 지원과 함께 저작권이 제대로 보호되어야 작가들이 창작에 몰두할 수 있다. 사실은 저작권을 논하기 전에 창작물로 인한 경제적 수익을 얻기가 힘들어 고민하는 창작자들이 많다.

'영감이 떠오르는 순간 일상을 차단하고 바로 작품 쓰기에 돌입, 마무리할 때까지 아무 방해도 받지 않는 것.'

이것이 모든 창작자들이 가장 바라는 환경일 것이다. 그에 앞서 영감에 도움이 되는 각종 문화 활동과 여행, 담소 등을 충분히 나눌 수 있다면 그보다 좋을 순 없을 게다. 오로지 인세만 받아서 이런 환경을 누리는 작가는 손가락 꼽을 정도밖에 안 된다.

그렇지 못한 작가들은 두 부류로 나뉜다. 한 부류는 가열차게 사회생활을 하느라 떠오르는 영감을 꾹꾹 눌러 버리고, 또 한 부류는 생활고와 무력감으로 기진맥진하여 피어오르는 영감을 속수무책 놓치고 있다. 물론 꿋꿋이 생활을 정복하고 꾸준히 작품을 쓰는 작가들이 있기에 오늘도 출판물이 쏟아지고 있지만.

창작자들에 대한 지원은 전무하다고 봐도 무방하다. 설사 지원한다 하더라도 수혜자가 극소수여서 유명무실하다. 각 시도에서 시행하는 '문예창작기금'을 받으려면, 치열한 경쟁을 거쳐야 하는데다 거의 일회성에 그치는 게 문제다.

열악한 환경에서도 집필을 계속하는 작가들이 가장 원하는 것은 인세가 꾸준히 들어오는 일이다. 초판 소화도 어려운 것이 요즘 출판 현실이다. 책이 출간될 때마다 전국의 도서관이 구입을 하면 적어도 5,000권 정도는 일시에 소비될 테고, 그렇게 되면 다음 책을 쓰는 데 도움이 될 것이다. 노래방에서 노래할 때마다 작곡가와 작사가에게 저작권 수입이 정산되듯 도서관에서 책을 빌려갈 때마다 저작권료가 작가에게 배분되었으면 좋겠다는 의견들도 많다. 실시되기만 한다면 다른 어떤 것보다 확실하고 공정한 제도가 되지 않을까 싶다.

실제로 일본의 일부 도서관에서는 책을 빌려 간 횟수만큼의 돈을 계산하여 작가에게 지불한다고 한다. 우리나라는 통신 인프라가 완벽한 만큼 바코드를 이용하면 빌려 간 횟수를 집계하는 일쯤은 어렵지 않을 것이다. 도서관들이 정기적으로 책 구입비를 지원받는다는데, 도서 대여에 따른 저작권료 지원책도 국가에서 고려해 주길 바라는 마음이 간절하다.

창작자들의 또다른 고충은 제도적 지원을 전혀 받지 못한다는 점이다. 4대 보험이 되는 직장에 다니지 않는 사람을 '무직자'로 취급하는 사회에서 창작자는 카드 한 장 만들기도 힘들고 은행 대출도 쉽지 않다.

프랑스는 다른 유럽 국가들과 달리 중앙정부가 적극적으로 개입해 창작자들의 작품 활동을 독려하고 있다. 문화예술 인력이 안정적인 근로 환경을 누릴 수 있도록 예술가와 창작자를 근로자로 추정하여 일반 근로자와 같은 권리를 누릴 수 있는 법과 제도적 장비를 마련했다. 근로계약을 한 창작자들이 단기간 일을 해도 다양한 보장을 받을 수 있어 일과 창작을 병행할 수 있다고 한다.

생업 현장에서 일하다 불타는 창작 욕구가 샘솟을 때 잠깐 쉬고 창작에 몰두하여 작품을 쓴 뒤, 다시 직장으로 복귀하는 게 가능하다면 그야말로 '판타스틱'일 것이다. 창작하는 동안 국가로부터 필요한 보호를 받을 수 있다면 더 바랄 게 없을 듯하다.

창조경제 시대를 견인할 강력한 동력은 다름 아닌 양질의 콘텐츠이다. 국가적으로 콘텐츠 진흥 정책이 실시되는 가운데 예술인 창작환경 개선법이 국회 교육문화체육관광위원회 법안심사소위원회를 통과했다고 한다. 아직은 작가들과는 먼 얘기처럼 들리는 게 현실이다. 국가로부터 뭔가 지원을 받게 될 거라고 기대하는 작가는 실제로 많지 않다. 대신 창작은 고독한 작업인 만큼 모든 것을 스스로 책임져야 한다고 다짐하며 겨우 버티고 있다.

작가들의 저작물은 시간이 지나면 모두의 것이 되기에 우리 사회가 투자를 해도 된다는 생각이다.

실제로 저작권 시효가 지난 작가들의 작품을 마음껏 활용할 수 있도록 작품을 모아 둔 공유마당 사이트(http://gongu.copyright.or.kr/)가 개설되어 인기를 얻고 있다. 저작권 보호 기간이 만료된 저작물을 일목요연하게 정리해놓은 것만 해도 반가운데 기증저작물, 이용허락표시 저작물, 공공저작물 자유이용허락표시 저작물까지 이용할 수 있다. 이 사이트에는 저작권 시효가 끝나지 않았음에도 자신의 작품을 활용을 허락한 작가들의 작품이 대거 수록되어 있다.

문학작품뿐만 아니라 그림, 사진, 음악까지 다양한 저작물들을 활용할 수 있게 되니 앞으로 창작자들의 작품이 더욱 풍성해질 듯하다. 무엇보다도 저작권 시한을 따지지 않고 작품 공유를 허락해 준 현존 작가들에게 경의를 표한다.

창작자들에 대한 지원은 우리 문화가 풍성해지는 길이다. 더 많은 지원을 통해 세계적인 작품들이 나오길 기대한다.

:: 소통으로 뜬 새로운 강자들

언젠가부터 '스펙'이라는 단어가 자주 등장하고 있다. 스펙은 스페시피케이션(specification)을 줄여서 부르는 말로 2004년 국립국어원 '신어' 자료집에 수록되었다. 직장을 구하는 사람들 사이에서 학력, 학점, 토익 점수 따위를 합한 것을 이르는 말이다. 요즘은 직장인이나 전문직에 대해서도 "저 사람 스펙이 어떻게 돼?"라고 공공연하게 말한다. 스펙을 조건이나 경력으로 이해하기도 한다.

사회에서 흔히 따지는 스펙이라면 출신 학교, 근무처, 상벌 사항, 자격증 등을 들 수 있다. 정작 사람들이 부러워하는 스펙은 부동산과 유가증권, 현금 보유고, 고가 회원권일지도 모르겠다. 성실하기, 소통 잘하기, 기초 튼튼히 다지기, 끊임없이 업그레이드하기, 창의력 높이기, 이런 스펙이 추가된다면 최강이 될 테지만.

몇 년 전 커뮤니티 시숍들의 모임에 갔을 때 그들은 '어느 회사에 다니는 누구'가 아닌 '어떤 커뮤니티를 운영하고 있으며 회원은 몇 명'이라고 자신을 소개했다. 할 일 없는 사람들이 인터넷을 끼고 산다고 매도하는 이들도 있지만, 다들 인사할 때 번듯한 명함을 내밀었다.

얼마 후 그날 만난 한 인터넷 커뮤니티 시숍이 초대한 팸투어에 참여하게 되었다. 건물도, 직원도, 자본금도 없는 커뮤니티에서 코레일에 제안해 이루어진 여행에 100여 명이 모였다. 기차 한 칸을 전세 냈고, 출발하는 순간부터 즐거운 이벤트가 이어졌다. 프로그램 중에는 모 출판사가 협찬한 유명 강사의 강의도 포함되어 있었다. 그 커뮤니티가 큰 기업과 출판사를 움직이고 적지 않은 여행객을 모집할 수 있었던 비결은 3만 명이 넘는 보유 회원에 있었다.

모 포털사이트에 수백만 개의 커뮤니티가 개설되어 있고, 그 가운데 회원 100만 명이 넘는 커뮤니티도 많다. 그런 카페에 광고성 글 한 줄 올리려면 적지 않은 돈을 내야하고, 커뮤니티 자체가 비싼 값에 거래되기도 한다.

요즘 팟캐스트나 인터넷 TV방송을 운영하는 사람들의 파워도 커지고 있다. 팟캐스트를 운영하던 이들이 종편이나 케이블에 진출하여 MC를 맡기도 한다. 개별적으로 인터넷 TV를 운영하는 이들도 두각을 나타내는 중이다. 매주 수요일, 신간을 낸 저자를 초대하여 인터넷으로 생방송을 하고 방송 내용을 축약하여 유튜브에 올리는 일을 8년째하고 있는 북포럼은 이제 저자들이 서로 출연하고 싶어하는 매체가 되었다. 공병호, 마광수, 유시민 같은 유명 저자들도 북포럼에 출연했다. 전 세계로 중계되는 북포럼 생방송 때 수천 명이 동시에 시청해, 책 판매에도 영향을 미친다. 『프리랜서처럼 일하라』를 발간하고 2012년 10월에 북포럼에 출연했는데 실제로 그 주일에 판매고가 올라갔다.

와이즈 파트너가 사회공헌 프로그램의 일환으로 운영하는 북포럼의 명성이 높아지면서 고우성 대표에게 다양한 요청이 오고 있다. 그 결과 관공서와 함께 프로젝트를 진행하고 중소기업 CEO 위탁 교육을 실시하고 있다. 수십 명의 작가를 동원할 수 있는 파워가 생기면서 작가들과 함께 하는 이벤트도 매년 벌인다. 매년 연말 30명의 작가를 초대하여 북나눔 파티를 여는데 작가들이 각각의 교실에서 강의를 하고 사인회를 연다. 행사의 하이라이트는 출판사들과 작가들, 참관자들이 기증한 수천 권의 책을 도서 벽지에 기증하는 일이다. 고우성 대표는 이러한 일들을 주관하기 위해 휴빅 코리아라는 이름의 회사를 따로 설립했다.

MU 조연심 대표가 운영하는 북TV365도 영향력이 커지고 있다. 『프리랜서처럼 일하라』 출간 이후 초대 손님으로 출연한 적이 있는데 2013년 9월 북TV365 시즌3에 '이근미의 인터뷰쇼' MC로 영입되었다. 오프라인 전문 인터뷰어 경력을 인정한 조 대표의 권유로 시작하게 되었는데 얼굴을 내놓고 인터뷰한다는 게 어색했지만, '효율적인 말하기'에 대해 깊이 생각하게 되었다. 지면 인터뷰와 달리 방송 인터뷰는 대본을 미리 쓴 뒤 시간에 딱 맞춰 배분을 잘 해야 한다. 가수 인순이 씨를 비롯한 여러 유명 인사가 북TV365에 출연했는데, 생방송으로 진행한 뒤 각종 포털과 유튜브에 일제히 공개된다. 방송 일주일 전부터 SNS에 예고를 하고 방송 후 구성원들의 블로그를 통해 포털에 노출이 되면서 북TV365의 인기가 점점 높아지는 중이다.

스마트폰이 폭발적으로 보급되기 시작한 2010년부터 트위터와 페이스북에서 스타가 쏟아져 나오기 시작했다. 2013년 류근 시인이 쓴 산문집 『사랑이 다시 내게 말을 거네』 출판 기념 모임에 가서 SNS의 위력을 온몸으로 실감할 수 있었다. 2011년 10월부터

2013년 7월까지 페이스북에 올린 글을 모아 책을 낸 것이다. 류근 시인은 나의 대학 선배면서 페이스북 친구(페친)인데 내 페친 가운데 '좋아요' 숫자가 가장 높고 댓글도 가장 많이 달린다. 감각적인 문체와 독특한 유머 코드로 자신을 효과적으로 이미지화하는 과정에서 친구들이 많이 생긴 것이다.

류근 시인이 페친들을 초대한다는 출판 기념 모임을 공지했길래 갔다가 깜짝 놀랐다. 그동안 시상식 뒤풀이나 출판 기념 모임에 여러 차례 가 봤지만 그 모임만큼 북적인 경우는 본 적이 없다. 호프집 하나를 통째로 빌렸는데도 장소가 모자라 세 군데 장소를 더 마련해야 했다. 『사랑이 다시 내게 말을 거네』는 페친들의 성원에 힘입어 출간 즉시 3쇄를 찍었고, 곧바로 베스트셀러에 올랐다.

내 페친 가운데 작가들이 많은데, 작가들이 눈여겨보는 사람은 이른바 '페북질'을 열심히 하는 출판사 대표와 편집장들이다. 류근 작가를 알아보고 책 출간을 제안한 곰의 김도언 대표는 자사 책이 나올 때마다 페북에서 열심히 홍보를 한다. 마음의 숲 권대웅 대표, 행성비 임태주 대표, 문학세계사의 김진 편집장도 출간 사실과 북콘서트 일정 등을 계속 공지한다. 김도언 대표는 시인이자 소설가이고 권대웅 대표와 임태주 대표는 시인, 김진 편집장은 동화 작가이다. 네 사람 다 페친이 많고 글을 올리면 호응도가 높다. 대표와 편집장이 페이스북에 직접 책과 저자를 홍보를 하는 출판사로 독자들의 눈길과 작가들의 관심이 쏠리는 건 당연한 현상이다.

우리는 두 개의 세상에서 살고 있다. 그렇지만 현실 공간과 사이버 공간이 삼투압을 일으키듯 상호 교류하고 있어 따로 분리해 생각할 수 없는 시대가 되었다. 초야에 묻혀 사는 사람이라면 컴맹이든 문맹이든 상관없지만 대중을 상대로 일하거나 SNS를 끼고 사는 학생들을 가르치는 입장이라면 두 개의 세상을 다 상대해야 한다.

몇 년 전 모 교수의 성폭행 혐의로 인해 시끄러웠던 적이 있다. 애초에 그 교수가 성폭행 사실을 시인했다가 절대 그런 일 없었다고 번복해 일이 더 커졌다. 학생들이 인터넷에 카페를 만들어 그 교수의 실명을 공개한 뒤 대대적인 성토 작업과 서명 작업에 돌입했다. 그 대학 관련 카페에서만 이뤄졌던 작업이 포털사이트 카페로 번져 웬만한 사람들은 다 알 정도가 되었다. 예전에 그 교수에게 성추행 당했다는 학생들의 고백이 줄줄이 이어지고, 수업 거부 의결이 가결되는 등 온라인이 들썩였다. 해외에 체류 중인 학생들, 졸업생들까지 카페에 들어와 응원 글을 남길 만큼 성토 열기가 뜨거웠다.

한참 일이 진행된 후 성폭행 혐의자로 찍힌 그 교수가 사이트에 나타났다. 범죄 사실이 완전히 밝혀지기 전까지 그 교수를 죄인 취급해서는 안 된다는 생각에서 사태를 주시하고 있던 나는 그가 남긴 댓글을 읽고 허탈함을 느꼈다. 이 한마디 때문이다.

"지금부터라도 컴퓨터 다루는 훈련을 해서 자네는 물론이고 다른 사람에게도 제때에 글을 보내도록 최선을 다하겠네."

정년이 몇 년 안 남은 교수라고 해도 첨단 장비로 무장한 학생들을 가르치면서 발등에 불이 떨어지고 나서야 '컴퓨터 다루는 훈련'을 하겠다니, 애처로운 일이 아닐 수 없다. 이미 학생들은 인터넷에서 의견을 주고받으며 사건의 기승전결을 다 꿰고 있는데, 언제 컴퓨터를 배워서 어느 세월에 설득하겠다는 건가.

오프라인 세상보다 온라인 세상이 더 시끄러운 게 대한민국의 현실이다. 나 혼자 컴퓨터를 외면하는 걸로 일이 끝나지 않는다는 사실을 인정해야 할 때다. 조금 귀찮다고 컴퓨터를 도외시했다간 결정적인 순간에 피해를 볼 수도 있다. "나는 온라인 세계를 모른다."는 변명은 이제 더 이상 통하지 않는다. 지금 이 순간 사이버 세상에는 자료가 계속 쌓이고 있다. 수많은 대화가 오가는 가운데 당신의 정보도 거론될 수 있다.

그런가 하면 온라인에 시시콜콜 모든 걸 공개하다 보면 나중에 발목을 잡힐 수도 있다. 소속이 없을 때 편하게 썼던 글들이 족쇄가 되어 취업을 가로막거나, 혹은 명성을 갉아먹을 수 있기 때문이다. 혹은 너무 자세한 공개로 인해 범죄의 표적이 될 수도 있다. 지나치거나 모자라지 아니하고 한쪽으로 치우치지도 아니한, 떳떳하며 변함이 없는 중용의 정신이 필요하다.

그렇더라도 오래전에 쌓아놓은 스펙에 기대어 늘어놓는 잔소리로는 사람들을 설득하지 못한다. 기존의 스펙에 새로운 한 줄을 계속 업데이트하려면 부지런히 움직이는 수밖에 없다. 새로운 세상과 새로운 지식을 향해.

:: 세상을 향해 마음을 활짝 열자

주방이 훤하게 보이는 음식점들이 인기를 끌고 있지만 여전히 주방은 비밀의 공간이다. 특히 주방장이 요리하는 모습을 보는 건 쉽지 않다. 예전에 중식의 달인이라는 특급 호텔 주방장을 인터뷰할 때 전설적인 중국 음식 주방에서는 요리사들끼리도 요리 비밀을 공개하지 않는다는 말을 들었다. 요리사들이 양념의 비율을 알 수 없게 재빨리 휙 넣어 버린다는 것이다. 그래서 그 주방장은 손님이 남긴 음식을 맛보며 어떤 양념을 얼마나 넣었는지 짐작해 혼자 요리 비법을 익혔다고 전해 주었다.

주방 안에서도 이럴진대 주방과 고객이 소통하기란 쉽지 않은 일이다. 그나마 고객과 소통하는 요리사라면 일식 분야를 꼽을 수 있다. 일식 요리의 최고 권위자라는 분을 취재했는데 "일식 요리사들은 한식이나 중식 요리사들보다 독립하는 숫자가 많다"고 했다. 그 이유에 대해 이렇게 말했다.

"한식 요리사나 중식 요리사들은 주방에서 일하기 때문에 손님과 소통할 기회가 별로 없어요. 반면 일식 요리사들은 손님들 바로 앞에서 초밥을 만들고 회를 쳐서 내놓으면서 얘기를 들을 기회도 많고, 단골이 생기면 대화도 하게 됩니다. 고급 일식집에 학식 높은 분들이 많이 오기 때문에 일식 요리사들은 일부러 신문도 찾아보고 책도 보면서 귀를 열어놓고 있어요. 몇 년 지나면 높은 자리에 계신 분들과도 자연스럽게 대화를 나누죠."

소통을 하며 친해지면 손님이 돈을 융통해 주거나 은행 대출

건을 알아봐 주며 개업을 권한다고 한다. 때로는 동업 제의를 받기도 해 오너가 되는 일식 요리사가 많다는 것이다. 그 숫자가 얼마나 되는지 모르지만, 어쨌든 '열린 주방'에서 손님과 소통하면서 삶을 업그레이드한다는 점이 흥미로웠다.

인터뷰를 한 인연으로 친구가 된 K는 늘 식권을 갖고 다닌다. 방송사에 근무하는 그녀는 후배들이 인사를 하면 "어, 그래 오랜만이다. 밥 먹었니? 나중에 이걸로 밥 먹어."라며 쥐어준다. 누구를 만나든 뭘 사주려고 안달이다. 한 번은 회사 앞 사우나에 같이 갔다가 나오는데 사우나에 딸린 미용실에 있던 사람들이 K에게 인사를 했다. 그러자 K가 "이 두 사람 커트 비용 얼마예요?"라고 묻고는 그 자리에서 계산을 했다. 식당에서 먼저 먹고 나가면서 계산하는 사람은 봤어도 미용실에서 커트 비용을 내 주는 사람은 처음 봤던지라 모두들 입을 떡 벌리고 쳐다봤다.

이 친구는 오지랖이 넓어도 한참 넓다고 할 정도로 남을 돕는 일에도 열심이다. TV 뉴스를 장식한 한 사건으로 이웃에 사는 분의 사위가 유명을 달리하자 나에게는 탄원서를 쓰게 하고 국회에서 일하는 후배에게는 의원들에게 그 사건을 알리게 하는 등 우리들까지 괴롭히며 이웃을 도왔다. 알지도 못하는 사람의 일에 동원된 우리는 푸념을 하다가 "요즘 세상에 누가 남을 위해서 저렇게 뛰겠나. 아마 우리가 무슨 일을 당하면 저 친구가 나서겠지. 기왕 돕는 거 열심히 하자."는 결론을 내리고 부지런히 도왔다.

그 친구는 지나가는 말도 기억했다가 일을 해결해 주곤 한다.

2008년에 장편 소설 『어쩌면 후르츠 캔디』를 내면서 "20대 여성들이 타깃이어서 산뜻한 남성의 추천사가 필요한데, 내가 아는 유명인들은 다 나이가 많다."고 하소연했더니 얼마 후 정말 '유명하고 산뜻한 남성' 오상진 아나운서의 추천사를 받을 수 있도록 주선해 주었다. 명료하면서 유혹적인 글솜씨를 발휘한 오상진 씨 추천서를 받고 친구의 위력에 새삼 감탄했다. 남의 일을 나서서 해 주다 보니 이 친구는 사통팔달 통하지 않는 사람이 없을 정도이다. 베풀고 돕는 일을 꾸준히 해서인지 훨씬 나이가 적은 사람들은 구조 조정이나 명예퇴직을 당했으나 친구는 건재하다. 일도 잘하지만 직장에서 평판이 좋기 때문이라고 다들 짐작하고 있다.

가장 기억에 남는 소통의 달인을 꼽으라면 오명 전 장관이 떠오른다. 오명 장관은 5공 때부터 참여 정부까지 차관 1번 장관 4번 부총리 1번을 지냈고 동아일보 사장, 아주대와 건국대 총장을 역임했다. 오명 전 장관이 아주대 총장이던 2003년 7월호 『월간조선』에 인터뷰 기사를 실었는데, 내 기사를 보고 편집장이 뽑은 '오명의 리더십 9대 원칙'이 있다.

'경험을 대신할 수 있는 건 없다. 구성원들이 즐겁게 일하도록 만들어 주라. 리더십의 핵심은 판단력이다. 임기 중 할 수 있는 일만 하라. 대인 관계에서 실패하지 말라. 부하가 더 똑똑하다는 걸 인정하라. 남의 얘기를 경청하면 절로 답이 나온다. 능력보다 인간성이다. 개혁의 성공은 설득에 있다.'

한 번만 해도 가문의 영광인 장관을 여러 차례 지낸 비결을 물었을 때 오명 장관은 '부하 직원들과의 소통'이라고 답했다. 일단 부임을 하면 전 직원에게 '우리 부서의 문제점을 적어 내라'는 숙제를 낸다. 그러면 실무를 잘 아는 직원들이 자신들이 평소 생각해온 문제점을 자세하게 기술해서 제출한다. 그러면 그 의견을 취합하여 6개월 정도 전 직원의 토의 과정을 거쳐 개선점과 실행해야 할 목표를 세운다. 오명 장관은 "고칠 건 고치며 목표 달성을 위해 노력했을 뿐."이라고 했다. 오명 장관이 소통을 통해 얻은 결론을 활용해 부임할 때마다 높은 실적을 거두어 여러 정권에 기용된 것이다. 오명의 9대 원칙에 '구성원들이 즐겁게 일하도록 만들어 주라는 것과 부하가 더 똑똑하다는 걸 인정하라, 남의 얘기를 경청하면 절로 답이 나온다'는 항목은 소통이 얼마나 중요한가를 말하고 있다.

스타벅스의 하워드 슐츠(Howard Schaltz) 회장은 매일 점심 다른 사람과 밥을 먹는다고 한다. 대개의 사람은 친한 사람과 밥을 먹는다. 하지만 슐츠 회장은 다양한 얘기를 듣기 위해 늘 새로운 사람을 만났고, 그 과정에서 자연스럽게 비즈니스 아이디어를 얻을 수 있었다.

오프라 윈프리는 악플러들을 자주 초대하여 점심을 사 주면서 허심탄회한 얘기를 나누었다고 한다. 스타와 마주하여 식사를 하고 나면 악플러들이 열혈팬이 될 건 뻔한 일이다. 세상과 소통하면 생각지도 않은 것들이 다가온다. 세상을 향해 마음을 활짝 열자.

:: 소비자와 소통하라

소통이 만사형통이라도 부르는 걸까? 여기저기서 소통을 외치는 목소리가 높다. 경제 분야도 예외는 아니다. 사실 제아무리 좋은 제품을 만들어도 소비자가 선택하지 않으면 소용이 없다. 유통이야말로 소통이 생명이다.

2009년에 롯데백화점 본점에서 샤넬 화장품이 철수한 사건을 취재했는데 취재 내내 떠오른 단어가 소통이었다. 국내 백화점 1위 업체와 세계적인 브랜드와의 신경전은 뜨거운 관심을 받았다. 1992년 롯데 잠실점에 처음 발을 들여놓은 샤넬은 2001년 초반까지 매출 1위를 기록하면서 백화점에서 갖가지 특혜를 누렸다. 매년 두 차례 매출 순위에 따른 매장 개편을 할 때 샤넬은 매출과 상관없이 언제나 최고의 명당에 다른 화장품 매장의 1.5~2배 크기를 배당받았다. 그럼에도 매출 수수료를 다른 업체들보다 적게 냈고 다른 업체와 달리 인테리어 비용을 백화점에서 지원했다. 워낙 독보적인 명성에다 매출도 높았기 때문이다.

백화점 1층의 화장품 매장 가운데 가장 좋은 자리는 어디일까. 백화점들은 일반적으로 매장을 A, B, C 3개 등급으로 나누는데, 이 가운데 A급은 주요 동선이 겹쳐 고객들에게 자주 노출되고, 면적이 다른 점포보다 20~50% 크며, 기둥이나 방화셔터 등 구조물이 없는 곳이다. 그 가운데서도 에스컬레이터 근처에 있으며, 출입구와 가까운 곳은 '특A급 명당'으로 분류된다.

2002년부터 백화점 화장품 판매의 판도가 달라지기 시작했다.

롯데 본점 기준으로 2002년에는 랑콤이 매출 1위, 2003년에는 국내 브랜드인 설화수가 1위로 올라선 뒤 매년 수성하고 있었다. 당연히 화장품 매장들은 샤넬의 특혜에 불만을 표출했고, 롯데 측에서 샤넬 매장 위치를 바꾸자고 제의하자 샤넬이 철수를 해버린 것이다.

2009년 당시 샤넬 담당자에게 매출이 줄어든 이유를 묻자 "화장품은 원래 스킨케어(기초화장품) 제품이 매출을 리드한다. 샤넬은 1990년부터 스킨케어 제품을 생산하기 시작했으니 다른 화장품에 비해 출발이 늦은 편이다. 예전에는 색조 화장품 위주였지만 본사에서 스킨케어 제품 연구개발과 마케팅에 투자를 많이 하고 있다. 앞으로 스킨케어의 비율을 더 높일 것이다. 원래 강했던 색조 화장품의 매출 역시 늘고 있어 앞으로 매출은 더 늘어날 것이다."라고 말했다.

업계 담당자들에게 질문했을 때 "우리나라 여성들의 화장 패턴이 바뀐 것이 샤넬 매출 하락과 연관이 있을 것이다. 화장하지 않은 듯한 얼굴을 뜻하는 '생얼 스타일'이 유행하면서 색조 화장품 사용량이 현저히 줄었기 때문이다. 그런데다 색조 화장품만 판매하는 전문점이 많이 늘어난 상태다. 샤넬은 "유행보다 자신들만의 색채를 고집한다."고 평가했다. 이에 대해 샤넬 담당자는 "메이크업 컬러를 정할 때 유행을 따르고 국제적인 감각을 살핀다."고 말했다.

2009년 당시 롯데백화점에서도 가장 규모가 크고 매출이 높은 소공동 본점 1층의 화장품 매장 두 명당자리 가운데 정문 바로 옆은 샤넬, 건너편은 에스티로더가 차지하고 있었다. 샤넬은 명성 덕택에, 에스티로더는 외국 화장품 가운데 가장 매출이 높다는 이유로 좋은 위치를 점하고 있었다. 샤넬이 떠나자 그 자리를 아모레퍼시픽의 설화수가 차지했다.

샤넬 관계자는 자국 브랜드가 판매율 1위를 기록하는 나라는 전 세계적으로 한국밖에 없을 것이라고 말했다.

"일본에서 자국 브랜드인 시세이도가 강세지만 그래도 샤넬이 1위입니다. 전 세계적으로 자국 브랜드가 잘되는 경우가 없습니다. 제가 샤넬에서 일하지만 한국인 입장에서 국산 화장품이 많이 팔리는 것은 자랑스러운 일이죠."

2014년 현재 샤넬은 다시 롯데백화점에서 화장품을 판매하고 있다.

지금 우리나라 화장품이 한류붐을 타고 폭발적인 인기를 누리는 중이다. 외국 관광객들이 우리나라를 여행하고 우리 화장품을 산더미처럼 사들고 출국할 정도이다. 저렴한 화장품부터 고가의 한방 화장품까지 두루 잘 팔리고 있다.

화장품이야말로 여성들의 심리를 읽고 창의적인 물건을 계속 생산해야만 판매가 가능하다. 그런 우리나라 여성들의 까다로운 기호가 대박 물건을 만들어 내는 것이다.

2009년 당시 샤넬 담당자는 "샤넬 입장에서 한국은 테스트 마켓으로 중요하게 여기는 시장."이라면서 이렇게 말했다.

"한국에서 잘 팔리는 제품은 다른 나라에서도 잘 나갑니다. 그 이유는 한국 소비자들이 굉장히 세련됐기 때문입니다. 한국 사람들은 유행에 민감해 괜찮은 제품이 나오면 급속도로 퍼집니다. 세계에 이런 나라가 없어요. 그래서 제품을 생산하면 한국의 반응을 살핍니다. 파리의 연구개발원들이 국내 대학과 연계해 제품 개발도 하고 학술 네트워크도 형성하고 있습니다."

화장품 업계 관계자는 "영원한 일등은 없다."면서 어느 업체든 경각심을 가져야 한다고 일침을 놓았다. 옛 명성만 믿고 변하지 않으면 언제든 시장에서 도태될 수 있다며 이름만으로 장사할 때는 지났다는 것이다. 어느 분야든 고객과 소통하면서 그들의 정서를 파악하지 않으면 살아남기 힘들다.

소비자와 활발한 소통을 통해 입지를 더욱 탄탄히 굳히고 있는 기업들도 있다. 소비자들이 환경에 민감하다는 걸 깨달은 업체들이 환경으로 소비자들의 마음을 두드리고 있다. 월마트는 100% 재생 가능한 에너지를 사용하고 폐기물 제로 달성과 환경에 유익한 제품만 판매하겠다는 약속을 실천하고 있으며 나이키는 설계와 개발 과정 전반에서 나타나는 폐기물을 줄이고 환경 친화적인 재료를 사용한다. 레고는 물품의 재활용이나 재생을 넘어 서서 아이디어를 재활용한다. 소비자가 직접 디자인한 제품을 만들어 불필요한 생산을 막고 재고를 남기지 않겠다는 전략으로 좋은 반응을 얻고 있다.

소비자의 의견을 직접 반영하는 회사로 스레드리스의 예를 들어 보자. 1,000달러를 투자해 설립한 스레드리스는 인터넷에서 투표를 하여 가장 인기가 높은 티셔츠를 매일 대량으로 찍어낸다. 다른 의류 회사들이 두 계절 후의 옷을 사무실에서 연구하여 만들고 있는 사이 스레드리스는 '바로 지금' 소비자들이 좋아하는 옷을 소비자의 목소리를 직접 듣고 만드는 것이다. 누가 더 경쟁력이 있을지 말할 필요도 없는 일이다. 스타벅스도 소비자들의 아이디어를 받아 좋은 안은 바로 실행에 옮기고, 공정 무역에 대대적인 투자를 하고 있다. 애플은 간단하게 앱을 올리고 균일한 사용료를 받는 획기적인 방안을 채택해 소비자들의 박수를 받고 있다.

21세기 들어 쇠락하는 기업들은 변화에 둔감하다는 공통점이 있다. 실시간으로 소비자의 욕구를 반영할 수 있는 환경이 조성되었건만 활용하지 못하는 것이다. 소니와 노키아가 쇠퇴해 가는 저질 수익을 둘러싸고 경쟁을 계속하자 투자자들은 점차 떠나갔다. 미국 자동차 빅3 업체 역시 과거의 시장에 미련을 버리지 못하는 바람에 2008년 한 해만 500억 달러가 넘는 손실을 기록했다. 유명 의류 업체 갭은 몇 단계의 결재 과정을 거치는 복잡한 구조 속에서 한 계절에 몇 개의 히트 상품을 생산하는 데 그치고 있다. 소비자와 소통하면서 그들의 기호를 파악하여 빨리 부응하는 것, 경제도 이제 소통이다.

:: 비판에 귀를 기울여라

대학에 입학하자 잔인한 수업이 기다리고 있었다. 한 학생이 작품을 내면 다른 학생들이 감상과 함께 어떤 점이 잘못되었는지 지적하는 수업이었다. "구성이 엉망이고 스토리가 개연성이 없고……." 이런 비평을 하는 게 쉬운 일은 아니다. 하지만 비평도 엄연한 수업의 과정이기 때문에 한 사람도 빠짐없이 참여해야 했다.

나는 꽤 많은 나이에 대학생이 되었다. 아무리 동기라지만 새파란 동생들이 "뭐가 잘못됐고, 뭐가 엉망이고"라며 떠들면 "너나 잘 쓰세요!"라고 소리치고 싶을 때가 한두 번이 아니었다.

교수님은 수업이 끝날 때쯤 마무리를 하면서 이렇게 당부하셨다. "친구들이 한 말을 고깝게 생각하지 마라. 오늘 나온 비판을 반영해 다음에 더 좋은 작품 쓰는 게 복수다. 작가는 작품으로 말해야 한다. 이상!" 1학년 땐 수업 끝나면 부글부글 끓는 화를 참지 못하고 바로 집으로 돌아가곤 했다. 하지만 저녁에 화를 삭이고 작품 여백에 꼼꼼히 적어온 메모를 읽어보면 절로 고개가 끄덕여졌다.

내 작품에 대한 비평을 듣고, 남의 작품을 비판하면서 점차 좋은 작품을 쓸 수 있게 됐다. 학년이 올라갈수록 우리는 좀 더 논리적이면서 날카로운 비평을 하게 되었다. 수업 마칠 때쯤 교수님이 "내가 할 말을 너희들이 다 했다."고 하실 때면 창작과 비평의 상관관계, 수용의 미학에 대해 생각하곤 했다.

대학 때는 창작수업을 잔인하다고 생각했지만, 돌이켜보면 귀중한 시간이 아닐 수 없다. 작품을 발표하면 다양한 비판이 이어지게 마련이다. 비판당할 때 그것을 수용하는 훈련을 동시에 한 덕분에, 비판을 당연히 거쳐야 할 과정으로 여기며 귀 기울이게 됐다. 독자의 몫인 비판에 대해 작가가 왈가왈부할 자격은 없는 것이다. 생각과 관점이 다른 사람들의 반응을 살피면서 참고할 만한 사항을 찾아내는 게 지혜로운 행동이다.

"내가 이렇게 잘했는데도 계속 비판만 하다니. 이제 일일이 대응하겠다." 유명 인사의 이런 발언으로 시끄러웠던 적이 있다. 그 말을 들을 때 문득 "비판을 잘 반영해 다음에 더 좋은 작품을 써라. 작가는 작품으로 말해야 한다."던 교수님의 말씀이 떠올랐다.

작가는 작품으로, 정치가는 실적으로 말해야 한다. 올 한 해 모든 사람이 비판을 잘 활용해 멋진 성과를 내게 되길.

2007년 1월 2일자 국민일보에 실린 나의 에세이다. 그날 극동방송에서 점심을 먹고 있는데 모 비서실에서 "대표께서 통화를 원한다."는 전화가 왔다. 인터뷰를 한 적은 있지만 개인적으로 연락을 받은 적은 한 번도 없었던지라 얼떨떨했다. 곧이어 통화가 됐는데 이런 말씀을 하셨다.

"오늘 칼럼 잘 읽었어요. 나도 귀담아 들어야 할 말입니다. 좋은 칼럼 감사합니다. 앞으로 좋은 글 많이 쓰세요."

자신에 관한 인터뷰 기사가 나왔을 때 직접 전화를 하거나 밥을 사 주면서 감사 인사를 하는 분들이 종종 있다. 가끔 기사나 칼럼을 읽은 독자가 메일로 '잘 봤다'고 한 적은 있지만 자신과 상관없는 글을 읽은 유명인이 직접 전화하여 칭찬을 한 건 처음이었다. 전화를 끊자마자 감사의 마음이 마구 밀려왔다.

비판은 하기도 힘들지만, 받아들이기도 힘든 일이다. 오랜 기간 기자로 일했지만 비판 기사를 쓴 일은 별로 없다. 2년 동안 회사에 적을 두고 일했을 뿐, 그 외 20여 년의 기간은 객원 기자나 편집위원 등 프리랜서로 일했기 때문에 그 위치를 충분히 활용했던 것이다.

비판 기사를 의뢰받으면 정중히 거절했다. 비판 기사를 쓰면 눈길을 끌고 빨리 성장할 수 있겠지만 그러고 싶지 않았다. 다른 사람을 비판할 만큼 잘나지도 않았지만 다른 사람에게 화살을 꽂고 발 뺄 만큼 강심장도 아니어서 저격수 역할보다는 강점 취재를 주로 했다. 우리 사회 곳곳의 성공한 사람들을 만나 그들의 성공 포인트를 남들에게 알리되 다단계 업체나 유명 점쟁이를 취재해 달라는 의뢰는 거절했다.

성공한 사람을 인터뷰할 때 당사자도 만나지만 그 사람을 잘 아는 주변 인사들을 만나 의견을 듣는 경우도 많다. "옆에서 지켜 봤을 때 그 분이 성공한 비결한 비결이 뭐라고 생각하느냐."는 질 문을 할 때 거의 공통적으로 나오는 답변이 "귀가 열려 있다."는 것이다. "우리에게 의견을 묻고 경청한다. 껄끄러운 얘기도 듣는 다. 일부러 의견을 듣기 위해 사람들을 만난다." 등등 남의 얘기 를 듣는다는 공통점이 있었다.

남의 이야기를 듣기, 비판에 귀 기울이기, 그것만 잘해도 행복 한 성공에 가까이 갈 수 있다.

part 05

미래 가치에 투자하라

♣

part 05

미래 가치에 투자하라

:: 나눔을 실천하는 이들

속도의 시대, 바빠서 가족들끼리도 얼굴 보기 힘든 세상이다. 그러니 웬만해서는 만나자는 약속을 하기가 어렵다. 만나는 건 고사하고 전화 거는 것도 조심스럽다. 그래서 다들 문자로 대화 나누고 페이스북에 올라오는 사진을 보며 '살쪘네, 날씬해졌네'라며 댓글을 단다.

자신의 일과 여가 시간 활용 때문에 바쁜 이들이 대부분이지만, 시간을 쪼개 다른 사람을 위해 봉사하느라 눈코 뜰 새 없는 이들도 있다. 은퇴하고 여유 있을 때 남을 돕는 게 아니라 가장 바쁜 시기에 이웃 사랑을 실천하는 이들이야말로 우리 사회 1%를 예약한 이들이 아닐 수 없다.

성선설보다 성악설에 더 신뢰가 가지만 사람들의 심성에는 남을 돕고 싶어 하는 착한 마음이 박혀 있다고 생각하는 쪽이다. 요즘 젊은 친구들과 얘기를 나눠 보면 다들 '나중에 돈을 많이 벌어 좋은 일을 하고 싶다'고 말한다. 나중에 정말 돈이 많아졌을 때 과연 좋은 일을 할지는 알 수 없지만 그런 꿈을 품고 사는 이들에게 박수를 보내고 싶다.

아직 자녀들이 독립하지 않은, 한창 벌어야 할 나이에 적지 않은 돈을 이웃 사랑에 투자한다는 건 쉽지 않은 일이다. 게다가 그 일을 지속적으로 한다는 건 힘든 결정이다. 시간과 재능을 들여 봉사하는 것도 어렵지만 돈을 직접 투자하여 사랑을 실천하는 일이야말로 결단이 필요한 사안이다. 물질이 있는 곳에 마음도 있다고 하지 않는가. 그런데 진정 어려운 일을 '지금' 실천하는 이들이 있다.

소설가이자 동화 작가인 고정욱 선생은 30여 권의 동화책 인세를 기부하고 있다. 인세는 대개 정가의 8~10%인데 고정욱 선생은 정가의 2~3%를 기부한다. 요즘 다들 책이 안 팔린다고 억억거리는데, 자신이 받은 인세의 20~30%를 기부하기란 쉬운 일이 아니다. 2004년에 『가방 들어주는 아이』가 MBC 느낌표 '책을 읽읍시다' 프로그램에 선정되었을 때 두 달간 인세 전액을 '기적의 도서관' 건립에 기부했다. 당시 두 달 만에 10만여 권이 팔려 인세 1억 원을 기부했다. 고 작가는 푸르메재단에 1,000만 원 약정을 하여 정기 후원을 하고 있으며 아름다운재단, 휴먼인러브 등의 여러 단체에 콘텐츠, 강연 등의 재능 기부도 하고 있다. 지금까지 기부한 금액이 2억 7,000만 원이 넘는다는데 고정욱 작가는 "여기저기 하는 데가 많이 기억이 잘 안 난다."고 말했다.

세계에서 장애인 관련 동화를 가장 많이 썼다는 고정욱 작가는 사석에서 농담처럼 "노벨상을 노리고 있다. 노벨상 타러 갈 때 비행기 전세 낼 건데 같이 갈 사람 예약하라."고 해서 나도 예약을 해놓은 상태이다. 비장애인보다 더 활달하게 활동하면서 나눔을 실천하는 그를 지지하는 팬들은 그가 진심으로 노벨상 받길 기원한다.

VVIP 고객들을 상대로 재무설계를 하는 삼성생명의 배양숙 FC상무는 매년 자신의 수익 가운데 30% 정도를 이웃 사랑에 사용한다. 2012년을 예를들면 13억 7,000만 원을 벌어 40%정도를 세금으로 내고 3억 2,000만원을 남을 위해 사용했다. 우리 사회 리더들이 올바른 판단을 내리는 걸 돕기 위해 개설한 인문학 강의 '수요포럼 인문의 숲'에 1억 6,000만 원을 사용하고 아름다운재단을 통해 전국 그룹홈 4,000군데에 샴푸와 린스, 세제를 보내는 등 불우 이웃을 위해 사용했다. 배 상무는 자신의 수입에 대해 클라이언트들이 맡긴 것이라고 생각한다며, 혼자 쓰기에는 많은 액수이기에 남들과 나누는 것뿐이라고 했다.

2013년 가을, 배양숙 상무는 서울 강남의 임리피얼 팰리스 호텔로 50여 명의 청년들을 초대해 'CEO 조찬'을 대접하며 꿈을 갖고 멀리 바라보라고 독려했다. 자신의 페이스북에 만남을 요청하는 이들이 많아 선착순으로 신청한 50명을 초대한 것이다. 그날 조우성 변호사와 내가 재능 기부 강사로 나서서 청년들에게 20분 스피치를 했다. 그날 참석한 남녀 모두가 배상무에게 열렬한 환호를 보냈고 앞에 나와서 스피치를 한 몇몇 남녀는 "존경한다, 나의 멘토."라는 발언을 했다.

'존경, 멘토'라는 단어가 나오는 연유를 더 알아보기 위해 기업체 이사, 기획사 대표라는 30대 여성들과 대화를 나누었는데 그들은 "그간 멘토로 삼을 만한 여성이 마땅히 없었다. 배 상무님이 노력하여 그 자리에 오른 것만 해도 존경스러운데 한창 바쁘게 일할 나이에 나눔을 실천하는 모습에 감동받았다. 나도 나중에 배 상무님같이 사회에 공헌을 하는 리더가 되고 싶다."고 말했다.

울산에서 첫차를 타고 왔다는 모 여성은 다들 돌아간 뒤에도 호텔로비에서 배양숙 상무를 붙잡고 "꼭 배 상무님처럼 되고 싶어요. 저도 성공해서 남들을 돕고 싶어요."라고 말했다. 배양숙 상무가 단지 사회적 성취만 이루었다면 젊은이들이 멘토로 삼지 않았을 것이다. 한창 바쁘게 일하는 가운데 나눔을 실천하고 있기에 각광 받는 것이다. 이날 시작한 '배양숙의 행복한 초대'는 3개월마다 열리고 있다.

배상무는 젊은 기업인들을 위한 YEF(Young Entrepreneur Friend)모임도 마련했다. 12가지 주제를 놓고 멘토와 함께 5시간 토론세미나를 1년간 진행하는 과정이다.

요즘 재능 기부가 활성화되면서 자신의 달란트를 기부하는 이들이 늘어가는 중이다. 내 주변에도 인생에서 가장 바쁜 시기에 시간과 재정, 공간을 투자해 사회 공헌을 하는 이들이 많다. 북포럼 운영자인 고우성 와이즈파트너 대표는 자신의 사업장을 스튜디오로 꾸며 일과가 끝난 후 저자와 독자 간의 소통을 도모하는 지식 방송 북포럼을 운영하고 있다. 개인 브랜드 전문가 MU 조연심 대표는 300프로젝트를 기획하여 젊은 친구들이 저자가 될 수 있도록 돕기 위해 해당 전문가들의 강의를 주선하고 자신도 강의를 한다. 개그맨 오종철 씨는 토크쇼를 통해 기업과 관객들이 불우이웃을 도울 수 있는 가교 역할을 열심히 하는 중이다. 포토테라피스트 백승휴 작가는 공개 입양아들의 프로필 사진을 무료로 찍어주고 있다. 많은 사람들이 남을 위해 달리고 있겠지만 나와 친한 이들이어서 이름을 열거해 봤다. 이들은 그 누구보다 바쁘지만 시간을 쪼개 '돈 안 되는 일'을 신나게 하는 중이다.

요즘 자신을 위해 달리며 바쁘다고 푸념해 봐야 귀 기울여 들어주는 사람이 없다. 자신의 성취를 위해 앞뒤 안 보고 달리는 것은 바쁜 대한민국 사람들의 공통적 일상이기 때문이다. 한 발 더 나아가 사회에 어떤 공헌을 하고 있는지를 알아야 그 사람을 확실히 판단할 수 있다.

가장 바쁜 시기에 아무런 대가 없이 '좋은 일'을 시작한 지인들은 머리 아픈 생업에만 매달리다 사회 공헌을 함께 하니 신바람이 난다고 말한다. 보람이 있는데다 칭찬까지 해 주니 기분 좋고, 뜻하지 않게 좋은 사업 거리까지 따라오는 경우도 생긴다고 고마워한다.

자신이 직접 일선에서 뛰지는 않지만 여러 자선 단체에 성금을 내고, 시간이 될 때마다 가서 돕는 사람들도 많다. 나도 직접적인 도모보다는 지인들의 좋은 일에 '차출'돼 경험을 전하는 정도로 참여하고 있다. 조연심 대표가 진행하는 300프로젝트에서 인터뷰 관련 강의를 해 주고, 고우성 대표가 도서 벽지 아이들에게 책을 전달하기 위해 마련한 북나눔파티에 2년째 참여했다.

타인을 위해 달리는 사람들, 바쁜 세상에 시간 낭비하는 것 같지만 이들이야말로 미래를 위해 투자하는 중이다. 자신들의 시간과 물질을 남을 위해 쓰지만, 마음이 부자여서 웬만해선 쓰러지지 않는다. 남을 돕는 일, 거기에 미래가 있다.

:: 로또 당첨자 vs 기부 할머니

로또에 당첨된다면? 당첨만 된다면 돈을 유용하게 사용할 거라고 다들 결심하지만 로또로 인생을 망친 이들의 뉴스를 볼 때면 그게 쉽지만은 않다는 걸 알 수 있다. 많은 돈이 올 때 저주도 옵션으로 끼어 오는 게 아닐까 하는 생각이 들 정도이다.

2005년, 우리 사회에 로또 열풍이 한창 뜨거울 때 로또 관련 취재를 한 적이 있다. 판매소에서 로또 복권을 사는 사람들에게 1등에 당첨되면 무얼 하고 싶은지 질문했을 때 대부분 좋은 일에 쓰겠다고 대답했다. 구체적으로 '육영사업을 하겠다', '고아원을 설립하겠다'는 거창한 소망을 말하는 이들도 있었다.

당시 로또 복권 1등 당첨자 460명을 면담하고 당첨금 수령을 도운 은행 담당자를 만나 많은 얘기를 들었다. 로또 열풍이 너무 달아올라 한 게임당 2,000원이었던 로또 복권을 한 게임당 1,000원으로 낮춘 상황이었다. 당첨자가 늘어나면서 당첨금이 10억 원

내외로 낮아졌고 세금을 떼면 당첨금이 7~8억원 수준이었다. 담당자는 엄청난 액수를 받고도 "왜 이렇게 세금을 많이 떼느냐. 당첨금이 왜 이렇게 적으냐."고 불만을 토로하는 사람들이 있다고 했다.

1등만 들어갈 수 있는 밀실에서 담당자와 대화를 나눴는데 벽에 '당신의 작은 나눔이 어려운 이웃들에게 큰 희망이 됩니다'라는 글귀와 당첨자들이 낸 기부금 현황을 담은 패널이 걸려 있었다. 당첨자들은 나눔 실천을 권유하는 그 글을 애써 외면한다고 한다. 복권을 잃어버릴까 봐 바짝 긴장한 상태에서 도착해 당첨금이 입금된 통장을 받으면 쏜살같이 사라지느라 바쁘다는 것이다. 간혹 기부를 하는 이들도 있으나 그 숫자가 극히 적다고 한다. 로또를 살 때와 당첨되었을 때 마음이 다른 건 1등이 되어 봐야 느낄 수 있을 듯하다.

공짜로 생긴 돈도 기부하지 않는 이들이 있는가 하면, 피땀 흘려 일해 모은 돈을 기부하는 이들도 있다. 10여 년 전 대학에 엄청난 액수를 기부한 할머니 다섯 분을 취재한 적이 있다. 큰 집을 기증하고 겨우 12평짜리 아파트에 사는 할머니, 이미 몇 차례에 걸쳐 수십억 부동산을 기부하고도 또 기부한 할머니 등등 남다른 행보를 하는 분들이었다. "아깝지 않았나요?"라는 질문을 던지자 모두 약속이나 한 듯 "뭐가 아까워. 학생들이 공부하는 데 힘을 보탤 수 있어서 내가 오히려 고맙지."라고 답했다.

종교도 다르고 서로의 사정도 달랐지만 그 분들의 공통점이라면 무척 검소하고 엄청나게 열심히 산다는 것이었다.

대학들은 기부 대상으로 선정된 것을 매우 자랑스러워한다.

'힘들게 모은 재산을 우리 대학에 기부했다.'

대학들로서는 이만한 홍보 효과가 없기 때문이다. 그래서 누가 거액을 기부하면 언론에 공개하고 기부자들을 정성껏 대우한다.

할머니들의 기부에 대해 취재하는 동안 많은 감동을 받았고 기사를 쓸 때도 마음이 따뜻했다. 그런데 기사가 나간 뒤 뜻하지 않은 전화를 받았다. 한 할머니의 아들이라는 남자였다. 다짜고짜 나한테 고함을 질렀다.

"그게 진짜 그 할머니 돈인 줄 아십니까. 그 돈을 왜 기부한 줄 아십니까?"

대체 이게 무슨 소리인가. 분명히 학교에서 기부자를 소개했고, 그 할머니 댁까지 가서 확인 취재를 했는데.

자초지종을 들어보니 그 할머니는 전화를 한 남자의 계모였다. 남자는 할머니가 자녀들에게 물려주기 싫어 학교에 기부했다고 주장했다. 남자는 "언론에서 할머니에게 정당성을 부여했고 그로 인해 우리 가족은 피해를 입게 되었다. 어떻게 책임질 거냐."고 했다. 그래서 "나도 알아볼 테니 다시 전화해 달라."고 말한 뒤 끊었다.

학교에 연락해 봤더니, 학교에서도 항의 전화를 받았다며 할머니가 모은 재산이 맞으니 신경 쓰지 말라고 했다. 가족들 간의 어떤 사정이 있는지 모르겠으나 할머니의 선행이 자꾸 소개되어 여러모로 불편한 듯했다.

사실 취재하는 동안 그 할머니가 가장 기억에 남았다. 경기도

외곽에 사는 할머니였는데 취재하는 내내 전기세가 아깝다며 어두컴컴한 방에 불을 켜지 않았다. 다른 할머니들에 비해 상대적으로 적은 액수이긴 하나 기부금은 그 할머니가 수십 년 동안 밭일을 하고 살림을 알뜰하게 해서 모은 것이었다.

자녀가 여럿 있는 집에 와서 힘든 일이 많았을 터인데 그런 불평은 한 마디도 없었다. 자녀들 다 출가시키고 아직 힘이 남아 일할 수 있으니 행복하다며 남을 도울 기회를 얻어 오히려 고맙다고 했다. 허름한 집과 조금 남은 현금을 죽기 전에 또 기부할 거라고 했다. 할머니가 텃밭에서 뜯은 채소를 담은 봉지를 손에 쥐어주어 돌아오는 내내 가슴이 먹먹했다.

항의 전화를 한 아들에게 정말 문제가 있으면 정정 보도를 신청하라고 했지만 더 이상 전화가 오지 않았다.

당시 취재를 할 때 할머니 한 분이 몸이 안 좋은 상황이었는데 대학에서 병원 특실에 모셔 극진히 돌보고 있었다. 대학 관계자에게 물어보니 기부자가 세상을 떠날 때까지 무료로 돌보는 것은 물론 장례까지 치러줄 것이라고 했다. 그 취재 이후 주변 친구들에게 우스개처럼 "기부하고 싶으면 대학병원이 있는 학교에 기부해."라고 말하곤 한다.

평생 모은 재산을 내놓고 기뻐하던 할머니들, 나눌 때 진정한 행복이 다가온다는 것을 깨달은 분들이다. 다른 사람의 성장을 위해 자신의 재산을 희사하는 일이야말로 진정으로 미래를 준비하는 모습이다. 나의 미래뿐만 아니라 다른 사람의 미래까지 준비하는 숭고한 일이 아닐 수 없다.

:: 선택과 집중이 열쇠

살면서 끊임없이 우리 앞에 닥쳐오는 것이 선택과 집중의 문제이다. 심각한 일뿐만 아니라 일상에서도 우리는 끊임없이 선택과 집중의 문제에 부닥친다. 오늘 하루 할 일은 산더미인데, 대체 무엇부터 해야 하나, 물건을 사야 하는데 과연 어느 브랜드를 선택해야 하나, 사소한 것에서부터 우리는 선택과 집중을 강요받는다.

어떤 선택을 하고 선택한 일에 어떻게 집중할 것인가. 필생을 걸어도 될 만한 것을 선택을 하고, 작업에 완전히 집중하는 것이 고수가 추구해야 할 정도(正道)이다. 자신이 가고 싶은 길을 선택하여 그 길로 쭉 가서 성공하는 사람은 대단한 행운아다.

성공한 이들 중에는 어릴 때부터 정조준하여 자신의 뜻을 좇은 사람들이 많다. 처음부터 치밀한 노력을 기울였다기보다, 오랜 꿈을 굳은 의지로 실현시킨 사람이 많다는 뜻이다.

너무 늦지만 않다면 다른 직업에 종사하다가 진로를 바꾸어 성공한 예도 많다. 하지만 출발이 너무 늦으면 성공 확률은 그만큼 떨어진다. 특히 뒤늦게 진입하면 절대로 성공할 수 없는 분야도 있다. 연주가가 대개 그렇다. 성인이 되어 악기를 배우면 죽었다 깨어나도 어릴 때부터 배운 사람들을 따라잡을 수가 없다. 복잡한 트릴이나 아르페지오에서 확연하게 차이 나기 때문이다. 일단 스킬이 완벽해야 감정을 실을 수 있는데 연주력이 떨어지면 연주자 스스로가 자신감을 상실한다.

그런가 하면 다양한 경험과 실패의 아픔이 자산이 되는 경우도 있다. 작가들에게 삶의 질곡은 스펙트럼을 넓히는 계기가 될 수 있다. 2007년 노벨문학상 수상자인 도리스 레싱(Doris Lessing)은 이란에서 태어나 짐바브웨에서 자랐다. 아버지는 1차 대전 상이용사였고 가난 때문에 14세에 학교를 그만두고 보모, 전화교환수, 속기사 등의 일을 했다. 두 번 이혼한 그녀는 영국에 살면서 병든 아들을 돌보며 글을 쓰고 있다. 그녀의 이력만 봐도 소설이 줄줄 나올 만하지 않은가.

『28』이라는 작품으로 돌풍을 일으킨 정유정 작가는 정식 문학 교육을 받은 적 없는 지방 간호대학 출신이다. 자신이 간호사로 일하던 병원 중환자실에서 어머니를 저세상으로 떠나보냈다. 독학으로 문학을 공부했는데 책보다 삶에서 배운 게 더 많다고 한다. 『고래』, 『고령화가족』을 쓴 천명관 작가는 고등학교가 최종 학력이다. 20대에는 골프채와 보험을 파는 영업 사원이었고, 30대에는 제작사 막내부터 시나리오작가까지 충무로 영화판에서 안 해본 일이 없다. 문학 엘리트가 넘쳐나지만 강력한 체험을 가진 작가들의 약진이 두드러지고 있다.

간혹 예외적인 직업 군단도 있다지만 가능하면 자신의 적성에 잘 맞는 직업을 선택하여 그 길로 매진하는 것이 고수가 될 확률이 훨씬 높다. 내가 만난 명사들은 하나같이 집중의 중요성을 토로했다.

에셋플러스자산운용 강방천 회장은 1999년 출발할 때부터 대외 담당, 사내 담당 두 사람의 전문 경영인과 함께 일했다. 자신이 100% 투자하여 설립한 회사지만 자신은 전무 직함을 달고 전문 분야인 주식 운용자문에만 매진했다. 회사가 점차 커지면서 회장 직함을 갖긴 했지만 여전히 대외 담당과 사내 담당 경영인에게 회사 업무를 이관하고 자신은 큰 그림을 그리면서 운용자문에만 전념하고 있다.

잡지 편집장들은 배열표를 꼼꼼히 챙기며 일일이 기자들이 쓰는 기사를 점검한다. 기사마다 마감 시간을 따로 두고 시간에 맞춰 기사를 받아 책이 차질 없이 나오도록 관리하는 것이다. 내가 예전에 기고한 유명 잡지사의 몇몇 편집장은 진행 기자를 따로 두고 스스로 기사를 쓰면서 기자들이 특종을 할 수 있도록 도왔다. 내부에서 시시콜콜한 일을 챙기기보다 외부로 나가 잡지의 질을 높이기 위해 뛴 것이다. 특종이 실린 잡지를 출간했을 때 판매율이 더 높아지는 건 당연한 일이다. 모든 걸 다 하는 것보다 기능적인 것은 잘하는 사람에게 맡기는 게 효율적이다. 큰 틀을 움직이며 집중력을 발휘할 때 성과가 난다.

분명한 소명 의식을 갖고 성장기 때부터 자신의 길을 예비한 대표적인 그룹이라면 성직자들을 꼽을 수 있다. 2005년에 발간한 『큰 교회 큰 목사이야기』를 쓰면서 목사님들에게 교회 운영에서 가장 중점을 두는 것이 무엇인지 질문했을 때 한결같이 '설교'라고 답했다. 교회를 운영하려면 성도들의 가정도 방문해야 하고 교회 행정도 총괄해야 한다. 대형교회 담임들인 만큼 방대한 교회

조직을 이끌려면 뭔가 다른 게 있을 듯했다. 하지만 목사님들은 약속이나 한 듯 '설교'에 가장 많은 시간을 투자한다고 말했다.

매주 교회에 오는 교인들이 가장 바라는 것은 양질의 '말씀'이다. 남들 놀러가는 화창한 일요일에 교회까지 왔는데 지루하고 맥빠진 설교를 듣는다면 다음에 올 마음이 생기지 않을 것이다. 영혼을 뒤흔들고 가슴을 벅차게 하는 설교를 들어야만 매력을 느끼고, 그러다가 그 교회에 정착하게 되는 것이다. 교통이 불편하던 시절에는 대개 가까운 교회에 다녔지만 이제는 자동차를 타고 기호에 맞는 교회를 찾아다니는 시대이다. 그러다보니 대형교회가 탄생한 것이고, 대형교회의 모체는 설교라는 게 내 생각이다.

요즘 새로 교회를 설립하면 교인들이 없어서 걱정이라지만 대형교회 부목사들이 독립해서 세운 교회는 금방 사람들이 몰려든다. 다 그런 건 아니지만, 사람들이 몰려간 원인은 역시 설교이다. 인터넷과 케이블 방송을 통해 목사들의 설교가 다 공개되기 때문에 설교를 듣고 교회를 정하는 교인들이 많아지고 있다.

사람의 능력은 한계가 있다. 모든 것을 다 잘할 수는 없는 법이다. 가장 잘하는 것을 선택하고, 그것에 집중하면 최대의 효과를 낼 수 있다. 선택과 집중이야 말로 미래를 준비하는 열쇠이다.

:: 미래를 경영하라

평생 직장 개념이 사라진 지금, 적당한 때 직장을 그만두고 새로운 일을 하려는 이들이 많다. 직장에서 쌓은 노하우로 사업할 생각이라면 틈틈이 미래를 위해 따로 준비를 해야 한다.

미국의 일반 직장인이 매년 자기 계발에 투자하는 시간은 평균 26.3시간이라고 한다. 자기 계발을 위해 하루에 겨우 6분을 투자하고 있는 것이다. 톰 피터스(Tom Peters)는 『톰 피터스의 미래를 경영하라』라는 저서에서 자기 계발에 소홀한 직장인들에게 이런 충고를 했다.

"우리는 '지적 자본' 시대에 살고 있다. 화이트칼라의 75~90%가 10년 후에는 239달러짜리 마이크로프로세서에 의해 자리를 빼앗길 것이다. 이런 상황에서 우리는 몸값을 높이기 위해 어떠한 노력을 기울이고 있는가? '인재'라고 불리는 사람들이 얼마나 훈련하는지 생각해 보라. 프리마돈나, 바이올리스트, 단거리선수, 골프선수, 파일럿, 우주비행사가 1년에 26.3시간만 훈련할까? 당연히 그런 인재는 없다. 일반 직장인의 '일'과 '훈련'의 비율이 1:0.01인 데 반해, 내 경우에는 1:4.67이다. 창조적 인재들은 그토록 열심히 연습하는데, 왜 '비지니스맨'만 훈련에 게으른 것일까? 비즈니스맨이 훈련에 게으른 것은 망신스러운 일이다. 하지만 더 중요한 것은 조만간 남에게 따라잡히게 된다는 사실이다."

어디나 마찬가지겠지만 기자 세계야말로 약육강식의 법칙이 철저히 지켜진다. 칼퇴근하고 휴일 다 찾아 먹는 것이 샐러리맨의 당연한 권리라지만 기자 세계는 '놀아도 노는 게 아닌' 경우가 대부분이다. 노는 시간에도 기삿거리를 찾고, 취재원 만나 탐색해야 하니 장외에서 더 바쁘다. 일 잘하는 기자일수록 일이 더 몰리기 일쑤다.

일간지의 경우 공개 채용을 거쳐 기자가 되면 여러 부서를 거친다. 일간지 기자가 사내 월간지나 주간지 기자로 순환 근무를 하기도 한다. 또는 전혀 글을 쓰지 않는 부서에서 근무하다 다시 복귀하기도 한다. 의사나 변호사 등 전문직이었던 사람이 전문기자로 입사를 하는 경우도 있지만 한 분야에서 오래 취재하면서 전문성을 쌓아서 전문기자, 대기자가 되기도 한다. 또는 기자로 일하다 장외로 나가 활약을 펼치는 이들도 많다. 부동산 전문가, 창업 전문가, 홍보 회사, 기획사, 출판사 등에서 활동하거나 정치권에서도 대거 진출해있다. 왜 그럴까.

한 분야의 전문가가 된 기자들은 여러 부서를 돌더라도 자신만의 분야를 정해 공부도 하고, 자료도 모으고 그 분야 전문가와 접촉한 사람들이다. 여기에 그들의 성공 노하우가 있다. 현재 자신이 하는 일 가운데 자신을 또 다른 전문가로 키울 분야를 탐색해 보라. 현재 자신이 하는 일을 생각 없이 진행하면 잡학다식해지는 데서 그치지만, 좀 더 심화하여 자신을 닦으면 확실한 전문가로 성장할 수 있다.

사진작가 하면 딱 떠오르는 인물이 김중만 씨와 조세현 씨다.

많은 사람들이 그들을 대중적인 인기를 누리는 상업 사진가로 폄하한다. 하지만 김중만 씨는 꽃 사진, 조세현 씨는 한복 사진으로 예술성을 인정받고 있다는 사실을 안다면 이들을 단순한 상업 작가라고 말할 수 없을 것이다.

김중만 씨는 일 년에 2만 장가량의 사진을 찍는다. 수십만 장의 사진 가운데 꽃 사진이 많았다. 이미 오래전부터 꽃을 찍었지만 2000년 들어서 공개했다. 그동안 공개하지 않은 이유에 대해 "남자가 무슨 꽃을 찍나 그런 얘기를 할까 봐 쑥스러워서 그랬다."고 답했다. 흰 바탕에 기기묘묘한 꽃 모양을 클로즈업한 사진은 반응이 좋아 높은 판매율을 보이고 있으며, 예술 사진만 전시하는 화랑에 초대되어 매년 전시회가 열린다.

조세현 씨는 20여 년 동안 한복 사진 수백 점을 만들었다. 이를 위해 적잖은 돈과 품이 들었다. 한복과 잘 어울리는 안동 하회마을이나 서울의 궁궐에서 촬영을 했고, 한민족의 옷이라는 상징성을 살리기 위해 금강산에서도 찍었다. 한복은 국내 유명 한복 디자이너들이 철저한 고증을 거쳐 만들었고, 모델도 가능하면 그 옷에 맞는 사람을 세웠다. 그런 노력이 드디어 빛을 발해 2006년 9월 러시아 상트페테르부르크(옛 레닌그라드)의 에르미타주 박물관의 메인 갤러리에서 40여 점의 한복 사진을 전시했다. 에르미타주는 세계 3대 박물관 중의 하나이다. 그에 앞서 오스트리아 인스부르크에서도 전시회를 했다.

상업 사진가로 알려진 두 사람이 예술가 대접을 받고 있는 것은 특화된 분야를 정해 끊임없이 노력한 덕분이다. 내가 지금 하

는 일 가운데 '꽃'과 '한복'이 될 수 있는 게 무엇인가 생각해
보라. 평범해 보이는 현재 내 자리에서 전문성을 극대화할 수 있
는 것이 분명히 있다. 그 전문성이 당신을 고수의 자리로 인도할
것이다.

변호사와 MC는 말을 잘한다는 공통점이 있다. '말'의 내용은
다를지라도 논리적인 내용을 정확하게 전달한다는 점은 같다. 그
렇다면 한 사람이 두 가지 직책을 다 맡을 수도 있지 않겠는가.
MC가 변호사로 진출하기는 힘들지만 변호사는 MC로 충분히 활
동할 수 있다.

1심에서 유죄 받은 사건을 2심에서 여러 차례 무죄 판결을 받
아내 '무죄 제조기'라는 별명을 가진 법무법인 청파 대표 이재만
변호사는 요즘 방송 MC, 방송 패널, 잡지 전문 인터뷰어로도 활
발하게 활동하고 있다.

이재만 변호사는 KBS TV '여성공감'에서 방송인 자질을 인정
받았다. 드라마 속의 주인공들이 한 말이 법적으로 어떻게 잘못
되었는지 점검하는 내용이었다. 예를 들어 '결혼을 반대한 시어머
니가 며느릿감을 불러 재산을 상속받지 않겠다는 각서를 받을 경
우 법적으로 효력이 있는가' 하는 주제를 놓고 패널들과 함께 토
론하는 식이다. 생활 속의 이야기여서 흥미를 끄는데다 이재만 변
호사가 쉽고 재미있게 풀이해서 큰 인기를 끌었다.

무엇보다도 이재만 변호사의 정확한 발음, 알맞은 톤과 속도
가 진행자 못지않은 안정감을 주어 롱런할 수 있었다. 서울 출신

들은 딱히 고칠 발음이 없다고 생각하지만 서울 토박이인 이 변호사는 방송에서 의뢰가 오자 전문가에게 코칭을 받았다. 방송 출연 했을 때와 똑같은 환경의 스튜디오를 물색하여 직접 녹화를 하면서 전문가의 세심한 지도를 받은 것이다. 그날 방송할 대본을 완벽하게 써서 물샐틈없는 준비를 했다.

그런 준비를 했기 때문에 처음 출연한 TV 방송에서 물 흐르듯 자연스러운 모습을 보여주었고, 곧이어 몇 개의 고정 프로그램이 생겼다. 지금 여러 방송사에 출연하면서 한국경제TV '성공스토리, 만남'에서 매주 기업인과 문화 예술인 인터뷰를 진행하고 있다. 방송뿐만 아니라 여성잡지 『퀸』의 '이재만이 만난 사람'의 인터뷰를 진행하는 등 인터뷰어로서 성가(聲價)를 높이고 있다. 방송에서 변호사로서의 전문성을 발휘하니, 본업 역시 더욱 신뢰감을 얻는 것은 당연한 일이다.

현재 하는 일과 관련 있는 분야를 개발하면 새로운 분야도 빨리 자리 잡을 수 있을 것이다. 더불어 새로운 분야가 원래 분야의 신뢰도를 더 높여 줄 수도 있다. 자신의 또 다른 가능성을 개발해 영향력을 발휘하는 것이야말로 100세 시대에 꼭 필요한 일이다.

:: 나만의 브랜드를 만들라

"제가 뭐라고 불러야 할까요?"라는 질문을 종종 받는다. 명함에 내가 하는 몇 가지 일을 이름 아래 적어 두었기 때문이다. 나역시 다른 사람에게 "뭐라고 부르는 게 좋을까요?"라고 질문하기도 한다. 한 곳에 매이는 대신 다양한 일을 하는 사람이 점점 늘어나고 있다.

그런가 하면 '대표' 풍년이다. 여럿이 모였을 때 한둘 빼고 다대표인 경우도 있었다. 예전 같으면 '자유기고가', '프리랜서', '기업 전문 강사'라고 명함에 새겼을 법한 사람들이 인터넷사이트를 개설하고 대표 직함을 달았기 때문이다. 스펙이 강조되는 세상이니 이상할 것도 없다. 작은 기획사 대표들이 '실장' 명함을 들고 다니던 10여 년 전과 확연히 달라진 풍경이다.

요즘은 직업인지 직책인지 분간하기 힘든 명함을 건네는 이들이 늘었다. 가족생태학자, 지식소통가, 소통테이너, 대한민국 1% 명강사 등을 이름 옆에 새긴 명함도 받았다. 이런 명함의 강점은 자신을 규정하게 된 배경을 화제로 꺼내 금방 친숙한 분위기를 만든다는 데 있다. 이들은 자신을 브랜드화하려면 단어를 선점하는게 중요하다고 말한다. 사업체를 갖고 있으면서도 자신만의 색깔을 얻기 위해 개인 브랜드를 만들었다는 이들도 있다.

그런 명함을 받고 신기해하는 나에게 독특한 명함의 소유자들은 "너만의 브랜드를 만들어라. 새로운 단어를 선점해야 눈에 띈다. 클라이언트들이 검색을 통해 사람을 찾기 때문에 일과도 연결

된다."고 충고한다. 몇 개의 검색어를 치면 자신의 이름이 저절로 뜨고 그로 인해 일이 훨씬 많아졌다는 이도 있다. 그러고 보면 나도 『프리랜서처럼 일하라』를 발간한 후 검색어에 '프리랜서'를 치면 내 책이 뜨고, 그와 관련해 인터뷰와 강의 요청이 오기도 한다.

번듯한 회사를 퇴직한 분들 가운데 이름과 주소, 전화번호만 덩그러니 적힌 썰렁한 명함을 건네면서 "아직 일을 안 하고 있어서……."라며 민망해하는 경우가 있다. 그런가 하면 회사에 다니고 있으면서도 색다른 직함을 새긴 명함을 건네주는 이들도 있다.

수명이 길어지면서 인생 이모작, 삼모작까지도 생각해야 하는 시대이다. 이참에 단순한 직함보다는 자신을 남들에게 각인시킬 수 있는 독특한 브랜드를 만들어 보면 어떨까. 그 일을 수행할 능력을 갖춘 뒤에라야 직함이 빛을 발한다는 건 더 말할 나위가 없는 일이다.

평등 사회를 주창하는 이들이 많지만 설명이 필요 없는 브랜드를 가진 1%가 시장의 99%를 차지하는 불평등한 시장이 펼쳐지고 있다. 시작부터 끝나는 그날까지 불평등한 게 세상 이치다. 출판 시장은 특히 격차가 심하다. 대학 후배 가운데 문학상을 여러 개 받은, 문단에서 인정하는 작가가 있다. 어느 날 우연히 커피숍에서 만난 김에 "소설이 잘 나가냐?"고 묻자 "이름이 알려지지 않아 잘 안 나간다."고 답했다. 전문가 그룹에서는 인정받았지만 대중에게는 아직 무명이라는 뜻이다.

어느 분야든 마찬가지겠지만 유명한 사람이 점점 더 유명해지는 세상에서 무명인이 끼어들기란 쉽지 않다. 이런 현상을 보면 '유익유 무익무(有益有 無益無)'라는 말이 저절로 떠오른다. 부익부 빈익빈(富益富 貧益貧)을 흉내 내서 내가 만든 말이다. 유명인은 더 유명해지고 무명인은 도무지 이름을 알릴 길이 없다는 뜻이다. 실제로 유명 소설가가 책을 내면 각종 언론 매체에서 앞다투어 보도해 주고 출판사에서 각종 광고로 전폭적인 지원을 해 준다. 반면 무명 소설가는 신문 귀퉁이에 이름 한 줄 내기도 힘들고, 출판사에서는 '가격투자 대비 효과가 미지수'라며 지원에 신중을 기한다.

서점에서도 유익유 무익무의 행진은 계속된다. 무명 작가가 책을 내면 매대 귀퉁이에 며칠 올려놓았다가 반응이 신통치 않으면 바로 구석의 책꽂이에 꽂는다. 하지만 유명 소설가의 책은 따로 매대를 마련하고 여기 저기 광고판을 붙여 독자의 눈길을 끈다. 인터넷 서점들도 유명인의 책이 나오면 첫 화면의 잘 보이는 곳에 배치한다.

극소수의 유명인은 책이 나올 때마다 아낌없는 지원을 받아 유명세가 더욱 치솟는다. 하지만 무명 작가는 시베리아 벌판에서 힘 한번 제대로 써보지도 못한 채 얼어 죽기 일쑤다. 무슨 수를 쓰든 살아 돌아와 네 힘으로 '부익부 유익유'에 들라는 것이 엄혹한 현실이다. 유명인을 더욱 유명하게 만드는 시스템은 어찌 보면 당연한 것이다. 유명인이 작품을 냈을 때가 서점으로서는 대목이니 발 빠르게 움직여 매상을 올리려는 것이다. 유명인도 혹독한 무명의 세월을 견디며 그 자리에 도달했을 테니 누릴 권리가 있다.

은행에서는 돈 많은 사람, 돈 잘 버는 기업에는 싼 이자로 돈을 빌려준다. 안 빌려 가면 제발 빌려 가라고 부탁까지 한다. 취재 때 만난 에너지 관련 회사 회장님은 "우리 회사는 무차입 경영을 고수하고 있다. 그런데 자꾸 은행에서 돈을 빌려 가라고 한다. 너무 차입이 없는 것도 문제가 될 수 있다는 이사진의 건의를 받아들여 최근에 돈을 약간 빌렸다."고 말했다. 그런데 돈이 없는 사람은 돈 빌려 주는 데가 없어 사채를 쓰고, 결국 원금보다 훨씬 많은 이자에 치여 생을 포기하기까지 한다.

부익부 빈익빈 현상을 사회과학자들은 '마태효과'로 설명한다. 미국 사회학자 로버트 머튼(Robert K. Merton)이 명명했는데 사회과학 모든 분야에서 관찰되는 부익부 빈익빈 현상을 마태복음 25장 29절 '무릇 있는 자는 받아 풍족하게 되고 없는 자는 그 있는 것까지 빼앗기리라' 라는 말씀에 대입해서 해석하는 것이다.

마태효과는 다름 아닌 달란트 비유를 정리하는 내용이다. 다섯 달란트와 두 달란트 받은 종이 열심히 노력해 받은 만큼 이득을 남겼으나 한 달란트 받은 종은 그 돈을 그대로 땅에 묻어놓았다가 주인에게 돌려주자 그때 주인이 "악하고 게으른 종아, 너는 내가 심지 않은 데서 거두고, 뿌리지 않은 데서 모으는 줄 알았다. 그렇다면, 너는 내 돈을 돈놀이 하는 사람에게 맡겼어야 했다. 그랬더라면 내가 와서 내 돈에 이자를 붙여 받았을 것이다. 그에게서 그 한 달란트를 빼앗아서 열 달란트 가진 사람에게 주어라. 가진 사람에게는 더 주어서 넘치게 하고, 갖지 못한 사람에게서는 있는 것마저 빼앗을 것이다. 이 쓸모없는 종을 바깥 어두운 데로 내쫓아라. 거기서 슬피 울며 이를 가는 일이 있을 것이다."라고 말한다. 즉, 받은 재능을 계발할수록 훨씬 좋은 결과를 얻게 된다는 의미이다. 반대로 재능을 썩히면 가진 재능마저 사라지고 만다.

책을 여러 권 낸 고수들은 '책도 운명이 있다'며 복불복(福不福)과 운칠기삼(運七技三)을 거론한다. '운이 따라야 베스트셀러가 된다'는 것이다. 책이 자기 운명을 잘 헤쳐 나가는 비결은 과연 뭘까. 운명과 운의 열쇠를 쥐고 있는 것은 결국 하늘이다. 심은 대로 거둔다고 했으니 치열하게 공부하면서 작품을 만들어 '때'를 기다려야 한다.

처절한 경쟁 사회, 힘든 세상에서 '누구' 하면 '아, 그 사람' 하고 딱 떠오르는 인물이 되기까지 열심히 하면서 하늘의 뜻을 기다리는 수밖에 없다. 기다리는 동안 내가 과연 살아남을 수 있을까를 스스로에게 질문하며 열 가지를 점검해 보자.

　　☐ 나만의 전문 분야가 있습니까.
　　☐ 목표를 확실히 세웠습니까.
　　☐ 미래를 위해 하루 2시간 이상 투자하고 있습니까.
　　☐ 때가 왔을 때 박차고 일어설 용기가 있습니까.
　　☐ 남의 말을 경청할 자세가 되어 있습니까.
　　☐ 실패했을 때 오히려 오기가 생깁니까.
　　☐ 강력한 추진력이 있습니까.

□ 인적 네트워크가 탄탄합니까.

□ 트랜드에 적응할 자세가 되어 있습니까.

□ 반드시 고수가 된다는 자신감이 충만합니까.'

자신의 브랜드는 결국 자신이 만들어야 한다. 실력을 쌓으면서 이름을 알리다 보면 곧 당신의 세상이 도래할 것이다. 받은 재능을 최대한 갈고 닦아 다섯 달란트, 두 달란트를 남기도록 노력하자.

:: 미라클은 꿈꾸는 자에게 온다

영국 비평가 겸 역사가 토머스 칼라일(Thomas Carlyle)은 '천재는 어려움을 감사로 잘 받아들일 줄 아는 사람'이라고 규정했다. 인생을 바꾸고 싶으면 감사 목록을 적으라. 그 목록을 보면서 감사하면 좋은 일이 일어나기 때문이다. 종일 이것도 감사하고, 저것도 감사하다는 생각을 하면 잠재의식이 '주인님이 이런 걸 좋아하는 구나'라고 캐치하여 좋은 걸 끌어다 준다는 것이 정신학자들의 분석이다.

잠재의식의 반응은 분명하다. 성공한 사람을 보고 '와, 부럽다'고 생각하면 잠재의식이 '아, 저렇게 만들어 달라는 거구나'라고 깨닫고, 예쁜 여자를 보고 '와, 예쁘다'고 생각하면 '예쁘게 만들어 달라는 뜻이구나'라고 생각한다는 것이다. 그런데 예쁜 여자를 보면서 '화장발에다, 성형발이군'이라고 비난하면 얼굴이 이상하게 일그러진다고 한다. 나이 마흔이면 자기 얼굴에 책임을 져야 한다는 말은 평상시 마음 씀씀이와 표정을 관리하라는 뜻이다.

성공한 사람을 보면서 '누가 뒤를 봐줬겠지, 부정이 있었을 거야'라고 생각하면 마음이 각박해진다. 설마 그럴 리가, 라고 생각할 수 있지만 스스로 시험해 보라. 감사하면 마음이 편안해지지만 비판하면 마음이 불편해진다. 평소 '고맙다, 감사하다, 부럽다'를 생활화하면 남들이 나에게 고마워할 일, 감사할 일, 부러워할 일이 생긴다. 어차피 나한테 닿지도 않을 일 같은데, 저것도 싫고 그것도 싫고 다 싫다고 얘기하면 남는 건 회의밖에 없다.

긍정적인 생각은 긍정적인 것을 끌어오고 부정적인 생각은 부정적인 것을 끌어오니 긍정적으로 글 쓰고, 긍정적으로 말하고, 긍정적으로 바라보자. 긍정의 효과를 스스로 점검해 보라.

오랫동안 100m 남자 육상의 10초대 벽이 깨지지 않았을 때 한 의사가 '10초 이내가 가능하다'는 연구 결과를 발표하자 바로 이듬해부터 10초 벽이 허물어졌다고 한다. 된다고 생각하면 되는 쪽으로, 안 된다고 하면 안 되는 쪽으로 사람은 움직이게 된다. 생각이 현실로 나타나기 때문이다.

하지만 무조건 높은 목표를 세우고 위를 향해 달리는 건 바람직하지 않다. 올림픽에서 은메달을 딴 선수들 중에는 자책하면서 평생 괴로워하는 사람들이 많다고 한다.

"조금만 잘했으면 금메달인데, 너무 아쉽다."

이런 상향적 사고가 괴로움을 불러오는 것이다. 반면 동메달을 딴 선수들은 행복감을 누리는 경우가 많다고 한다.

"조금만 못했으면 동메달도 못 받을 뻔 했어. 정말 다행이야."

이런 하향적 사고가 행복을 불러오기도 한다. 동메달은 3, 4위 전에서 이긴 뒤 획득하기 때문에 마지막에 승리의 기억을 안고 경기를 마친다. 그것이 엄청난 에너지가 되는 것이다. 상향적 사고를 해야 더 좋은 목표를 달성할 수 있지만 그로 인해 마음에 불평이 가득 차는 건 바람직하지 않은 일이다. '이것만 해도 얼마나 감사한가'라는 마음을 갖는 게 중요하다. 그리고 정말 중요한 건 움직일 수 없는 현실은 받아들여야 한다는 점이다. 은메달이 절대 금메달로 바뀔 리 없는 것이다. 세계 2위라니 얼마나 대단한가, 이런 생각을 하면서 다음 기회를 기다리는 게 현명한 일이다.

아침에 출근하면 책상에 앉아서 무슨 꿈을 꾸는가. 무엇보다 그 꿈이 너무 사소하지 않은지 점검해볼 일이다. '꿈꾸는 대로 된다'고 하는데 실제로 그럴 확률이 높다고 생각한다. 꿈이 있으면 일단 그 꿈을 이루기 위한 길로 다가가기 때문이다.

호서대학교 설립자 강석규 명예 총장은 멀리 내다보고 살아가는 사람들에게 귀감이 될 만하다. 1913생인 강 명예 총장이 90세 때인 2003년에 만나 인터뷰를 했다. 강석규 명예 총장이 대학 설립의 꿈을 꾼 것은 60세 때의 일이다. 대학 교수로 재직하면서 허름한 집을 구입해 리모델링하여 되파는 일을 통해 모은 돈으로

66세에 대학을 설립했다. '66세에 무슨 일을 시작해'라고 생각했다면 100세가 넘은 지금 얼마나 후회하겠는가.

호서대학교는 벤처전문대학이라는 수식어를 달고 있다. 현재 10만 평 규모의 천안 캠퍼스와 100만 평에 이르는 아산 캠퍼스에서 첨단학과들이 벤처 열기를 뿜어낸다. 강석규 명예 총장에게 짧은 기간 내에 학교를 키운 비결을 물었을 때 정면에 걸린 액자를 가리켰다. 모세가 홍해를 지팡이로 가르는 모습이 담긴 액자 아래의 화이트보드에 'miracle'이라는 글자와 함께 영어 성경 구절 몇 개가 적혀 있었다. 강석규 명예 총장은 늦게 학교를 설립한 만큼 오래 머물기 위해 매일 소식하면서 운동을 열심히 한다고 했다. 성경에 인간의 수명이 120세로 되어 있으니 그때까지 학생들을 만날 거라고 했는데 그 목표가 이루어지길 바라는 마음이다.

호서대학교 사이트의 강석규 명예 총장 인사말에 이런 대목이 있다.

'내게 능력 주시는 자 안에서 내가 모든 것을 할 수 있느니라'라는 성경 말씀대로 인간의 능력은 무한대입니다. 이 잠재된 무한대의 능력을 개발하고 발휘하느냐 그렇지 못하고 놔두느냐에 따라 인생 성공자와 실패자가 갈라집니다.

꿈꾸는 자에게 기적은 온다. 내가 지금 하고 있는 업무를 통해 기적을 창출할 수 있다고 생각한다면 그대로 이루어질 것이다.

『야베스의 기도』에 보면 존이라는 사람이 천국에 가서 경험한 이야기가 나온다. 베드로의 안내로 황금길과 아름다운 저택을 보면서 황홀함에 취해 있는데 이상한 건물이 하나 눈에 띄었다. 창문은 하나도 없고 문 하나만 달려 있었다. 존이 안을 보고 싶다고 하자 베드로는 안 보는 게 나을 거라며 만류했다. 존이 궁금함을 못 이기고 기어이 보여 달라고 하자 마음이 약해진 베드로가 문을 열었다. 창고 안에 들어간 존은 바닥에서 천장까지 빼곡히 들어찬 상자들을 보고 의아한 표정을 지었다. 빨간 리본으로 묶어 놓은 하얀 상자마다 이름이 적혀 있었던 것이다. 존은 자신의 이름이 적힌 상자를 열어 보고 아연실색했다. 그 속에는 세상에서 자신이 살아있을 때 하나님이 주려고 했던 많은 복들이 들어 있었다. 존이 구하지 않아서 그 상자들이 천국의 창고에 고스란히 쌓여 있었던 것이다.

아직 풀지 않은 상자가 너무 많은 것 아닌지 되돌아보라. 내가 도움을 요청하고, 더 노력하면 많은 것을 이룰 수 있다. 보물 상자를 어떻게 이용하느냐는 우리의 능력에 달려있다. 비전을 높이 세우고 그 목표를 달성하기 위해 부단히 노력하라.

:: 바라봄의 법칙

항공기를 100대 실을 수 있고 승무원 6,100명이 탈 수 있는 니미츠호는 미국 해군 제독 C.W.니미츠(Chester William Nimitz)의 이름을 따서 명명한 세계 최대의 항공모함이다. 니미츠 제독의 소위 시절 일화가 많이 회자되고 있다. 어느 날 미국 해군 최고사령관이 항공모함을 방문했는데 실수로 계급장이 사라지는 일이 발생했다. 지휘관은 백방으로 대장 계급장을 구해 봤지만 있을 리 만무했다. 그런데 뜻밖에도 니미츠 소위가 대장 계급장을 갖고 있었다. 연유를 물어봤더니 "해군사관학교를 졸업하고 소위로 임관할 때 애인이 해군 대장이 되라며 대장 계급장을 선물해 주었다. 꼭 대장이 되려고 늘 가슴에 품고 다닌다."고 답했다. 큰 꿈을 풀었던 니미츠 소위는 후일 대장이 되었고, 미 해군에서 니미츠 제독의 업적을 기리기 위해 세계 최대의 항공모함을 니미츠호로 명명했다는 것이다.

직장인이라면 적어도 CEO의 꿈을 품어야 하지 않겠는가. 사람은 생각한 만큼 이루어진다고 한다. 호랑이를 잡으려는 꿈을 꾸어야 고양이라도 잡을 수 있다는 말을 진부하게만 여기지 말라. 내가 이 회사의 주인이라는 생각으로 달리는 순간 당신은 CEO다. CEO라는 각오로 열심히 달리면서 꿈을 잃지 않으면 반드시 이루어진다.

소원, 꿈, 비전의 공통점은 '이루어지면 좋은 것'이다. 그런데 소원과 꿈과 비전이 이루어지려면 분명한 목표를 세워야 한다. 막연히 '이루어지면 좋겠다'라고 생각하기보다 언제까지 어떤 노력을 기울여서 반드시 이루고야 말겠다는 목표를 세워야 분명해진다. 소원과 꿈과 비전은 있는데 목표가 없다면 이루어지기 힘들다. 언제까지 해 내겠다는 의지가 중요하기 때문이다.

미국 배우 짐 캐리(Jim Carrey)는 무명 시절 1000만 달러짜리 모조 수표를 만들어서 지갑에 넣고 다녔다고 한다. 그 수표를 보면서 반드시 그 액수의 출연료를 받는 배우가 되겠다고 각오를 다졌다. 동료들이 비웃었지만 짐 캐리는 1000만 달러 배우라는 목표를 정해놓고 열심히 노력했고 정확히 5년 만에 1000만 달러를 받았다. 확실한 목표를 정하는 것은 일을 반은 이룬 것이나 다름없다.

오스트리아 시골 출신인 아놀드 슈왈제너거(Arnold Schwarzenegger)는 젊은 시절, '영화배우가 되겠다. 케네디가의 여인과 결혼하겠다. 2005년에 캘리포니아 주지사가 되겠다'는 세 가지 목표를 세웠다. 그는 이 목표를 써서 벽에 붙여놓고 매일 큰 소리로 읽었다. 알다시피 그는 유명 영화배우가 되었고, 케네디 대통령 누이동생의 딸인 앵커우먼 출신 마리아 슈라이버(Maria Shriver)와 결혼했다. 2003년 그의 세 번째 소망대로 캘리포니아 주지사가 되었다.

상상을 하면서 말로 표현하면 잠재의식에 각인되어 실제로 그런 일이 일어난다는 셀프 이미지법과 자기 암시의 말을 하는 '자기 성취적 예언'은 실제로 효력이 있다고 한다. 셀프 이미지법으로 스스로를 고양하고 자기 성취적 예언을 반복하여 나를 세뇌시키자. 목표를 써서 벽에 붙인 뒤 큰소리로 읽으면 짐 캐리와 아놀드 슈왈제너거에게 다가온 성취가 우리에게도 가까이 올 것이다.

베스트셀러 『바라봄의 법칙』과 『바라봄의 기적』을 낸 주대준 카이스트 교수는 5명의 대통령을 청와대에서 모신 인물이다. 차관급인 청와대 경호차장을 끝으로 2008년 12월 은퇴한 그는 노태우 대통령 때 청와대에 들어가서 김영삼, 김대중, 노무현, 이명박 대통령 때까지 33년의 공직 생활 가운데 20년을 청와대에서 근무했다.

그는 1989년에 4급 서기관인 전산프로그램 팀장으로 정보화의 불모지였던 청와대에 들어갔다. 청와대에 들어가기 전, 사무실이 청와대 바로 앞에 있었다고 한다. 그때 청와대를 바라보면서 '저 안에 들어가서 일하면 좋겠다. 나라를 위해 헌신하고 싶다'는 강력한 소망을 품고 기도하면서 매일 청와대를 바라봤다고 한다.

'바라봄의 법칙'은 구약 성서에서 기인한다. 모세가 이스라엘 백성을 이끌고 광야를 걸어가는데 백성들이 뱀에 물려 죽을 위기에 처했다. 그때 놋으로 뱀을 만들어 장대 끝에 매달아 세워 두었다. 모세가 백성들에게 "장대 끝의 놋뱀을 바라보는 사람은 살아날 수 있다."고 선포했다. 뱀을 바라보면서 낫게 해 달라고 강력하게 기도하라는 의미였다. 그때 놋뱀을 바라보면 희망을 품고 기도한 백성을 살았지만 "무슨 헛소리냐 뱀에 물렸으니 나는 죽을 수밖에 없다."며 실의에 빠진 사람은 다 죽었다. 주대준 교수도 놋뱀을 바라보듯 청와대에 들어가고 싶은 강렬한 희망을 담아 매일 청와대를 바라봤다. 그런 열망 덕분인지 그는 소원대로 청와대에 입성했다.

전산프로그램 팀장이 최고로 오를 수 있는 자리는 부이사관급인 전산실장이다. 대개 전산실장을 거치면 청와대를 나가 다른 자리로 간다. 그런데 그가 전산실장 임기를 마치고 퇴직할 즈음에 전산실과 통신처가 통합이 됐고, 그는 정보통신처 기술심의관으로 발령을 받았다. 당시 통신처에서 수십 년 동안 근무했던 같은 직급(부이사관)의 통신전문가들이 여러 명 있었는데 그들과 경쟁해 그가 정보통신처장이 된 것은 기적과 같은 일이다.

정보통신처장은 대통령 국정지휘통신망을 포함한 청와대 정보통신을 총괄하는 가장 중요한 핵심 보직이다. 부산 벡스코에서 열린 2005년 아시아태평양국제정상회의(APEC)를 끝으로 정보통신처장 임기가 끝나면서 더 이상 청와대에 근무할 일이 없을 거라고 생각했다. 그런데 그때 청와대 내 조직기구 구조조정을 하면서 정보통신처와 행정처가 통합해 '행정본부'가 출범했다. 정보통신처는 행정처의 절반 수준에 해당하는 인원수에 기능 면에서도 훨씬 적은 조직이었다. 그런데 그가 행정본부장으로 임명받는 놀라운 일이 일어났다. 행정본부장은 청와대의 하드웨어와 소프트웨어를 총괄하는 직책이다. 청와대 뒷산의 수목(樹木) 관리부터 연못 속의 물고기 관리, 청와대 각 건물의 온냉방 시설관리, 소방안전, 전기관리, 구매, 인사 행정을 총괄하는 업무를 맡았다.

놀라운 일의 최종 방점은 '청와대 최초로 정년을 맞은 공무원' 이라는 데 있다. 그는 청와대 경호직능 공무원 연령정년(만 55세)을 맞아 정년퇴임했다. 그간의 경호실 간부들은 대개 본부장급 정도에서 청와대를 떠났다. 전산전문가가 경호차장을 맡은 비결은 대한민국이 IT강국이라는 배경에 있다. 그는 청와대 업무를 자동화

시키고 경호시스템을 IT 기반의 유비쿼터스 경호시스템으로 과학화하여 경호의 패러다임을 바꾼 장본인이다.

주대준 교수의 기적은 '실력'이 있었기에 가능했다. 그가 가장 바라는 바는 '대한민국을 사이버안보 최강국으로 발전시키는 것'이다. 그는 현재 카이스트에서 세계 최고의 사이버보안 인재 양성을 위해 석·박사 학생들을 가르치고, 사이버보안센터장으로서 세계적인 신기술 개발에 박차를 가하고 있다.

스스로 로또를 만들어 나가겠다는 강렬한 의지를 갖고 내가 원하는 것을 바라보자. 그 때 기적이 일어난다.

:: 위험한 막판 뒤집기

맨주먹으로 시작해 차근차근 계단을 밟고 올라와 대기업을 이룬 분들에게 많은 사람이 대리 만족을 느낀다. 부의 대물림이나 편법이 아닌, 땀 흘려 정상에 오를 수 있다는 희망을 안기기 때문이다. 그런데 허무하게도 젊은이들의 롤모델이었던 사람이 하루아침에 고꾸라지는 사건이 종종 발생한다. 범죄자가 되어 검찰 포토라인에 서거나 잘나가던 회사가 법정 관리에 들어가는 걸 보면 마치 내 일인 양 안타깝다.

막판 뒤집기가 패인인 경우가 의외로 많다. 전혀 연관성이 없는 일에 손을 댔다가 돌이킬 수 없는 상황에 처하는 것이다. 거의 종착역에 다다랐을 때 갑자기 기차를 갈아타고 전혀 다른 방향으로 달리는 일, 인생은 모험이라지만 돌이킬 수 없는 상황에서의 모험은 자살행위나 다름없다.

절대로 망할 수 없는, 그야말로 '누워서 떡먹기'나 다름없는 회사를 운영하던 기업인이 어느 날 형편없이 무너져 버렸다. 대체 왜 그랬을까, 참 궁금했는데 우연한 기회에 그 기업인과 친한 분을 만나 실패의 원인을 들을 수 있었다.

"돈이 너무 많으니까 사람이 다른 생각을 하더라구. 나이 오십이 넘어서 느닷없이 러시아로 진출하겠다는 거야. 거기가 노다지라면서. 그래서 내가 말렸어. 그냥 지금 기업 잘 관리하고, 있는 재산으로 좋은 일이나 하라구. 기어코 러시아로 나가서 대책 없이 마구 투자하더니 지금 남은 게 없어. 들어오는 돈 잘 관리하고 좋은 일 했으면 국가적으로 존경받을 수 있었는데 말이야. 나이 오십 넘으면 하던 일도 정리해야 하는데 전혀 모르는 분야에 무모하게 투자하다니, 그게 망하는 지름길이지."

사람은 어느 시점에 이르면 자신의 최종 목적지를 떠올리며 신중해져야 한다. 나를 활짝 꽃피우고 아름답게 하산할 지점이 어디일지 꼽아 보라. 가끔 누가 봐도 정상에 오른 고수가 다 늦게 진로를 바꿔 엄청난 소용돌이에 휘말리는 일을 목격하게 된다.

정상에 오른 고수가 무너지면 소음도 큰 법이다. 그런 대형사고는 치명적인 실수가 원인일 수도 있지만, 전혀 다른 일을 도모하다가 벌어지는 경우가 더 많다. 여러 분야에서 정상에 오른 고수를 끌어 모으는 최강의 직종이라면 정치권을 들 수 있다. 정부에 스카우트되어 가는 경우도 있고, 국회의원에 출마하거나, 각 당의 고위 당직자로 말을 갈아타기도 한다. 교수, 변호사, 사업가, 방송인, 기자, 연예인 등등 다양한 군상의 고수들이 정치판으로 모여드는 이유는 뭘까. 두말할 이유 없이 정치판이 매력 있기 때문이다. 일단 다른 사람을 위해 봉사한다는 측면에서 보면 명분이 뚜렷하고, 워낙 역동적인 곳이어서 잘될 경우 성취감과 명예를 얻을 수 있다. 물론 엄청난 안티 세력 때문에 질타도 받지만.

내가 아는 유능한 변호사는 국회의원에 두 번 출마하여 두 번 다 낙선하여 지금은 정치판을 떠난 상태이다. 왜 정치판에 끼어들었느냐고 묻자 "변호사로서 할 건 다 했다. 솔직히 무료하다. 변호사 일이 더 이상 매력적이지 않다. 정치는 도전해 볼 만한 길이라고 판단된다. 사나이 야심을 건드리기도 하고 타인을 위해 봉사할 기회도 얻을 수 있다."고 말했다.

정치인으로 변신을 시도하여 성공을 거두는 경우도 있지만, 국민적 안타까움을 사는 경우도 있다. 17대 대선에 나선 모 인사는 주변에서 그렇게 만류했는데도 군이 출마를 했다. 그가 출마를 하자마자 그가 공들여 만든 단체에 참여했던 인사들이 줄줄이 빠져나갔다. 누가 봐도 승산없는 게임이었지만 본인은 그렇게 생각하지 않았다.

그 과정을 지켜보면서 '참여하는 데 의의가 있다지만 참여하는 게 독이 될 수도 있다. 과정이 중요하다지만 때로는 과정을 즐기려다 치명상을 입는다'는 교훈을 얻었다. 득보다 실이 훨씬 많을 게 너무나 명백하다면 구태여 시도할 필요가 없다. 그간 쌓은 개인적 업적이 무너지는 것은 자신이 감내한다 하더라도 그를 진정으로 사랑한 사람들의 희생을 헛되게 한 건 어쩔 셈인가. 그간 쌓은 정 때문에 차마 등 돌릴 수 없었던 사람들은 승산이 없는 일이라는 걸 알면서도 아까운 시간을 투자했다. 무엇보다도 그가 중심이 되어 공들여 진행해왔던 의미 있는 단체가 무모한 참여 이후 빛을 잃었다는 점이 안타깝다.

뒤집기는 매우 신중하게 시도해야 한다. 나이가 많을수록 더욱 그렇다. 그 뒤집기가 실패로 돌아갔을 때 타격이 너무 크기 때문이다. 그 실패에서 얻은 교훈을 활용할 기회를 얻지 못할 수도 있다. 힘이 다 빠졌을 때 심하게 무너진 성벽을 보수하기란 거의 불가능하다. 인생은 도전이라지만 안정이야말로 삶을 도약하게 하는 귀중한 토대이다. 기초가 튼튼하지 못하면 새로 쌓아올리는 것마다 금이 갈 수 있다. 부추기는 이들의 입김에 휘둘려 잘못된 판단을 하기도 한다. 귀를 열어놓아야 하지만, 들리는 소리를 선별할 힘을 길러야 한다.

평생을 쏟아 부은 분야를 잘 갈무리했더라면 존경을 받을 수 있는 인물이 뜻밖의 도전으로 인해 국민적 망신을 사고, 심지어 철창신세를 지기도 하는 일, 그런 일에 주인공이 되지 않도록 삶을 다지며 살아야 한다.

지금이 가장 빠르다, 무엇을 시작하기에 늦다는 건 없다, 이런 말이 있지만 냉정히 생각해 보라. 할머니가 되어서 발레를 시작하고, 할아버지가 되어 프로게이머로 나설 수는 없는 일 아닌가. 그간 준비를 철저히 하여 뒤집기를 해도 무리가 없을 만큼 체력이 단련되었다면 모를까. 모험도 좋고 긍정적인 사고도 좋지만, 어둑어둑할 때 길이 없는 숲속으로 들어서는 건 위험한 일이다.

최종 목적지를 생각해야 할 시점에서는 과욕을 삼가야 한다. 넘치면 모자람만도 못하다. 나에게 화가 될 것인지, 과가 될 것인지, 판단할 수 있어야 한다. 문어발은 적당한 선에서 자르고, 승산이 없다고 판단되면 막판 뒤집기보다는 굳히기를 시도하라. 절제야말로 반드시 고수가 가져야할 미덕이다.

:: 운도 10할 노력도 10할, 운열기열

소치 동계올림픽을 보는 동안 '변수, 복병, 이변' 같은 단어를 자주 들을 수 있었다. 시합을 할 때 예상치 못한 변수가 생겨 어려움을 겪고, 알려지지 않은 복병이 나타나 순위가 뒤바뀌고, 생각지도 못한 이변이 일어나 모두를 놀라게 했다. 노력에 비례한 결실이 주어지면 계산이 깔끔할 텐데 현실은 아귀가 딱딱 맞는 레고 박스가 아니다. 출중한 기량을 발휘해도 편파 판정으로 점수가 낮아지고, 넘어지는 선수한테 걸려 4년 준비가 물거품이 되는 경우가 생긴다.

운칠기삼(運七技三)과 마칠기삼(馬七騎三)을 떠올리면 기분이 상쾌해질까? 운칠기삼은 운이 7할 재주(노력)가 3할, 마칠기삼은 말이 7할 기수가 3할이라는 뜻으로 노력해도 일이 이루어지지 않거나, 별다른 노력 없이 일이 성사되었을 때 쓰는 말이다. 즉 운이 따라주지 않으면 일을 이루기 어렵다는 뜻이다.

중국 괴이문학의 걸작으로 꼽히는 포송령(蒲松齡)의 『요재지이(聊齋志異)』에 운칠기삼에 관한 내용이 실려 있다. 한 선비가 자신보다 변변치 못한 자들은 버젓이 과거에 급제하는데, 자신은 늙도록 급제하지 못하고 패가망신하자 옥황상제에게 그 이유를 따져 물었다. 옥황상제는 정의의 신과 운명의 신에게 술 내기를 시키고, 만약 정의의 신이 술을 많이 마시면 선비가 옳은 것이고, 운명의 신이 많이 마시면 세상사가 그런 것이니 선비가 체념해야 한다는 다짐을 받았다. 내기 결과 정의의 신은 석 잔밖에 마시지 못하고, 운명의 신은 일곱 잔이나 마셨다. 옥황상제는 세상사는 정의에 따라 행해지는 것이 아니라 운명의 장난에 따라 행해지되, 3푼의 이치도 행해지는 법이니 운수만이 모든 것을 지배하는 것은 아니라는 말로 선비를 꾸짖고 돌려보냈다.

"이게 무슨 불공평한 처사? 그럼 탱자 탱자 놀란 말이냐."고 항의하고 싶지만 시편에도 비슷한 내용이 나온다. 시편 73편 아삽의 시에서, 하는 것마다 안 되는 사람이 "악인은 일평생 어려움을 당하거나 병으로 고생하는 일도 없고, 언제나 편안한 생활을 하고, 재산이 늘어가고, 죽을 때도 고통이 없다."며 질투와 갈등을 토로한다. 하지만, 잠언 14장19절에 "악인은 선인 앞에 엎드리고 불의한 자는 의인의 문에 엎드리느니라."는 말씀도 있으니 안심해도 될 듯하다.

20대 까지만 해도 비교적 노력 대비 결과가 비례하는 편이다. 나이 들수록 변수가 힘을 받는다. 제아무리 100세 시대라지만 40대 중반만 넘어도 몸의 배신이 시작되고, 열심히 살아도 주변에서 사고를 쳐 골치 아픈 상황을 맞기도 한다.

변수와 복병과 이변이 판을 치고, 운칠기삼과 마칠기삼이 주도하는 세상이라니 "구태여 열심히 할 필요 있나, 비뚤어지고야 말테다!"를 외치고 싶은 충동이 인다. 제아무리 변수와 복병과 이변이 있다지만 땀을 더 많이 흘린 선수가 금메달 딸 확률이 더 높은 게 또 세상 이치다.

예측한 대로 딱딱 되면 좋겠지만 삶에는 무수한 변수가 존재하니 어쩌겠는가. 그 변수의 오차를 최대로 줄여 가능한 한 자신의 일을 예측 가능하게 만들기 위해 무한히 노력하는 수밖에 없다.

실제로 운이 우리 삶에 얼마나 작용할까. 2013년 5월 KAIST 경영대학원 장세진 교수가 신문에 기고한 운칠기삼과 관련된 글을 관심 있게 읽었다. 장 교수는 '운칠기삼이 맞는지 참고할 만한 연구 결과가 있다. 즉 기업의 수익률을 결정하는 요인을 산업 요인, 기업 요인, 그룹 요인, 경기 변동 효과로 나눠 각각의 비중을 계산하는 방법이다. 분산분해분석(variance decomposition analysis)이라는 통계 기법을 사용한다. 한국 상장 기업들의 영업이익률 자료를 토대로 분석한 결과에 따르면 산업 간의 차이가 기업 수익성 차이의 12%를 결정하며 기업 간의 차이가 21%, 재벌과 같은 기업 집단의 차이가 9%, 해당 연도의 경기 변동이 3%를 각각 결정한다. 그리고 나머지 설명할 수 없는 요인, 즉 운으로 치부할 수밖에 없는 요인이 55%로 나타났다. 이 결과는 미국의 상장 기업을 분석한 결과(44%)와도 크게 다르지 않다.'고 피력했다.

장 교수의 결론은 '산업에 따라 수익성이 달라지고, 같은 산업 내에서도 기업 간의 차이가 존재하며, 그룹 내에서도 계열사마다 수익이 다르다. 당해 연도의 경기 변동, 즉 호황, 불황 여부에서도 수익률이 차이 난다. 하지만 산업, 기업, 그룹, 경기 변동으로 설명할 수 없는 다른 요인이 있다'는 것이다.

장 교수는 55%가 적은 것은 아니지만 운이 차지하는 비중이 운칠기삼에서 말하는 70%가 아니라 55% 정도라는 점은 고무적이라고 말한다. 운을 탓하기보다는 전략을 세워 어떤 업종을 선택할 것인지, 또한 같은 업종에서도 남과 차별화할 수 있는 방법을 면밀히 모색한다면 성공 확률을 높일 수 있다는 것이다. 장 교수는 마지막으로 "과거에 실패한 경험이 있더라도 실망할 필요는 없다. 55%만 운이라면 다음번에는 성공할 수 있으니까."라고 결론 내렸다.

70%와 55%, 복잡하게 생각할 것 없이 피부로 와 닿는다. 사람은 저마다 조건이 다른 가운데 살아가기 때문이다. 왜 나는 확률이 더 낮은지에 대해 불평해봐야 소용없다.

운칠기삼 하면 '하늘은 스스로 돕는 자를 돕는다'는 명언이 자동적으로 떠오른다. 7할이든 55%든 운을 자신에게 끌어 오려면 준비가 되어 있어야 하기 때문이다. 철저히 준비한 사람은 기회가 오면 바로 잡아채고, 생소한 상황도 이겨 낼 수 있다.

오랜 기간 인터뷰를 하면서 성공한 사람들에게 공통점이 있다는 것을 발견했다. 인터뷰 말미에 "스스로 생각하는 성공 비법이 무엇이라고 생각하는가?"라는 질문을 던지면 마치 입을 맞춘 듯 똑같은 대답을 한다. 2004년 10월 세계적인 뇌과학자 조장희 박사와 LG전자 김쌍수 부회장을 각각 다른 장소에서 만나 성공 비결을 물었을 때도 거의 동일한 답변이 나왔다.

"축적된 능력과 피나는 노력이 있어야 한다. 거기에 운이 따라주어야 한다. 그런데 운은 준비되어 있는 자에게 찾아온다. 가만히 있으면 운이 그냥 지나간다. 열심히 노력하고 있을 때 잡을 수 있다."

조장희 박사는 현재 가천의과학대학교 뇌과학연구소 소장이자 카이스트 특훈교수이며, 34년 만에 거대 회사의 CEO 자리에 올라 해외 언론이 차세대 아시아 리더로 꼽았던 김쌍수 부회장은 한국전력 사장을 지냈다.

명실공히 최고의 MC인 박미선 씨에게 성공 비결을 물었을 때 "하늘이 주신 거라고 밖에는 말할 게 없다. 늘 준비하고 있어야 기회가 온다지만 열심히 해도 안되는 사람이 분명히 있다. 그래서 하늘의 역할을 더욱 생각하게 된다."고 했다. 최고의 1인 기업가 공병호 박사는 "늘 깨어 오감을 충분히 발휘하면서 살다 보면 운이 다가온다. 나는 운을 놓친 적이 없다. 늘 긴장할 필요는 없지만 어느 순간 '필'이 꽂힐 때 잡아야 한다."고 말했다.

성공한 사람들의 답변은 거의 일치했다.

"죽도록 열심히 했다. 그러니 성과가 나는 건 당연하다. 하지만 어느 순간이 지나면 나도 모르는 어떤 힘이 나를 도와주는 것 같다. 노력과 재능 외에 분명히 '또 다른 무언가'가 있다. 나도 어리둥절하다."

'또 다른 무언가'를 운, 신의 영역 등으로 말하는 이들도 많았는데 공통적인 점은 그 운이 다가올 때까지 '죽도록 열심히 했다'는 점이다.

가장 나쁜 경우는 변수도 복병도 이변도 없는 상황에서 스스로를 구렁텅이로 몰아넣는 일이다. 치명적 실수는 '방심, 방탕, 자만'의 부추김과 '중독, 술, 거짓말'의 부채질이 결합해 만든 파생상품이다.

별다른 악재가 없는 가운데 스스로를 망가뜨리는 것은 자기 인생에 대한 직무 유기이다. 취약한 부분은 대개 비슷하다. 그러니 김유신이 단골 술집으로 자신을 태우고 간 말을 칼로 베었듯 결단을 내려야한다. 그렇다고 차를 부술 수는 없으니 이중삼중의 안전장치를 마련하는 수밖에 없다.

정말 억울한 케이스는 열심히 살면서 살얼음판을 디디듯 매사 조심했는 데도 굴레에 빠지는 일이다. 그럴 때 꺼내라고 있는 게 운칠기삼과 마칠기삼 패이다. 자책과 좌절, 불만과 불안 속에서 허우적대기보다 내 힘으로 안 되는 게 있음을 인정하는 편이 속

편하다. 변수가 휘저을 때마다 혼미해져 헤매면 삶이 피폐해지고 만다.

나이 들고 관계가 복잡해지면서 악재가 동시다발로 몰아닥치는 경우도 생긴다. 기독교인들이 암송하는 주기도문 구절 가운데 '시험에 빠지지 않게 해주시고 악에서 구해 달라'는 내용이 있다. 두 가지 함정을 피해갈 수 있게 해 달라는 요청이다. '시험'은 스스로 조심해야 할 사안이고 '악'은 외부 공격을 뜻한다.

지금 이 순간도 변수와 복병과 이변에 공든 탑이 무너지고, 깜냥도 안 되는 인간이 운칠기삼을 누리는 말도 안 되는 일이 벌어지고 있다.

마음에 안 들어도 내 몫의 인생을 살아내기 위해 내가 만든 사자성어가 운열기열(運+技+)이다. 운도 열 개 노력도 열 개라는 각오로 살아 보자! 변수니 복병이니 이변이니 따위는 무시하고 나는 최고로 운 좋은 사람이라고 단정해 버리는 거다. 악재 따위가 넘볼 수 없는 압도적 승리를 위해 열심히 달리다 보면 기필코 고지가 보일 것이다. 행운은 멀리 있지 않다는 희망을 품는 것, 경쟁력은 거기서 시작된다. 우물 밖에 바다가 있다. 우물을 제대로 파면 넓은 바다로 나가 마음껏 유영할 수 있게 된다.

:: 인내와 초심을 각인하라

대단찮은 나에게 "여기까지 오게 된 비결이 뭔가?"라고 묻는 사람들이 가끔 있다. 고등학교를 건너뛰고 뒤늦게 대학에 진학한 사실을 아는 이들이 그런 질문을 한다. "피 터지게 노력했다." 그런 얘기가 나오리라 기대하는 눈빛으로. 경상도 억양이 묻어나는 내 말투 때문에 뭔가 박력 있을 거라고 생각하면서 말이다. 전혀 다른 일에 종사하다가 뒤늦게 대학을 졸업하고 작가가 된 비결을 정리한 문구를 하나 찾아냈다.

"질기면 이긴다."

내가 늦은 나이에 대학에 진학할 수 있었던 비결은 단 하나, 포기하지 않았기 때문이다. 포기하지 않은 비결을 구태여 찾자면 큰집과 우리 집의 형제 10명 가운데 대학에 진학하지 않은 사람이 나 혼자였다. 막내 동생까지 대학에 들어가자 나도 가긴 가야겠다는 마음을 늘 품고 있었다.

20대 내내 메이커 의류를 휘감고 허위의식에 사로잡혀 울산 시내를 누비면서도 어쨌든 대학에 가겠다는 목표를 잊은 적이 없다. 피아노 학원을 운영하고 있어 공부를 열심히 할 여건이 되지 않았지만, 취미 생활처럼 단과반에 등록하곤 했다. 한 달에 일주일 정도 갈 때도 있었으나 일단 완전히 발을 빼진 않았다. 『성문기본영어』나 『수학1의 정석』은 몇 번이나 들었고, 암기 과목도 잊을만하면 등록하곤 했다. 학력고사를 '귀로 듣고' 임했을 정도이다. 다른 일에 종사하면서도 어쨌든 대학에 간다는 목표를 정해놓았으니, 관심은 늘 대학 입시에 있었다. 목표를 정해놓고 열심히 노력하면 더할 나위 없이 좋겠지만 사정상 집중적인 노력을 기울일 여건이 안 될 경우, 잊지 않으면 꿈을 이룰 수 있다. 머리가 터질 정도로 열심히 한 사람보다 포기하지 않고 끈질기게 붙잡은 사람이 이기는 걸 많이 봤다.

작가가 되기 위해 입학한 40명의 동기 중에 9명이 등단을 했다. 그 가운데 계속 책을 출간하는 친구는 3명뿐이다. 3명이 다른 친구들보다 특별히 뛰어났기 때문에 책을 내는 걸까? 결코 그렇지 않다. 이 3명은 포기하지 않았기 때문에 결실을 맺은 것이다. 대신 다른 친구들은 여러 분야로 뻗어나가 제 역할을 잘 하고 있다.

기우제를 지내면 꼭 비가 오는 마을이 있었다. 비결은 비가 올 때까지 기우제를 지냈기 때문이다. 끈질기면 이긴다. 포기하지 않으면 이룩한다. 좀 늦더라도 인내하며 꾸준히 나아가면 목표 지점에 도달하고야 만다.

목표 지점에 이제 막 도달했든, 정상을 고수하고 있건, 늘 잊지 않아야 할 것은 초심이다. 처음 사랑 되새기는 일이 새 힘을 주고 물을 늘 맑게 한다. 최강이 새로운 각오를 다지며 달리면 무서운 힘이 발휘된다. 늘 배우는 자세로 앞날을 개척해 나가면 더 깊이 있는 삶이 기다리고 있을 것이다.

잘 아는 사진기자가 한창 나이에 회사를 그만두고 커피전문점을 냈다. 회사에서 명예 퇴직 신청을 받을 때 나이 든 사람들은 가만히 있는데 40대 초반인 L이 나서자 다들 의아해 했다. 지인들과 함께 커피전문점에 갔을 때 한가한 시간인데도 사람들의 발길이 끊이지 않았다. 주변이 개발되면서 밤늦게는 물론 주말에도 사람들이 끊이지 않는다고 싱글벙글이었다.

L은 스승님을 소개하겠다며 우리를 앞집 구멍가게로 안내했다. 평범한 차림새의 40대 남자로 L과 비슷한 나이였다. L은 "정말 고마운 분이다. 매일 스승님께 가르침을 받는다."며 구멍가게 주인을 극진하게 대했다.

"손님한테 물건을 드릴 때는 두 손으로 드려라. 인사는 공손하게 해라. 재료는 좋은 것을 써라. 이런 걸 가르쳐 주셨어요. 기본을 제대로 지켜야 성공할 수 있다는 말씀이 가슴에 와 닿았어요. 오랜 기간 현장에서 익힌 노하우를 저한테 풀어 주시니 정말 고맙죠. 매일 아침 스승님 가게에서 배움을 얻고 마음을 다집니다."

손꼽히는 매체의 사진기자였던 그의 겸손하고 소박한 모습이 무척 인상적이었다. 구멍가게 아저씨는 흐뭇한 미소를 지으며 '제자'를 바라봤다. 스승이라고 부르며 배우려는 L을 위해 구멍가게 사장님은 매일 가르칠 것을 준비하지 않겠는가. L이 초심만 잃지 않는다면 새로운 사업에서 반드시 성공할 것이라고 믿어 의심치 않는다.

꿈을 실현하기 위해 가장 필요한 것은 자신의 마음을 다잡는 것이다. 제아무리 멋진 성취를 이루었더라도 마음이 흔들리기 시작하면 사상누각이 되고 만다. 생명의 근원이 마음에서 나는데 그게 흔들리면 모든 게 흔들리기 때문이다. 어떤 경우에도 흔들리지 않도록 마음을 지키면서 인내와 초심을 각인하는 일, 그것이 열쇠이다.

epilogue

✒ 곧, 최고의 순간이 온다

미국 오바마 대통령이 재선에 성공하여 대통령 수락 연설을 할 때 "모든 국민에게 감사한다. 아직 미국 최고의 순간은 오지 않았다."고 말했다. 앞으로 다함께 노력해서 최고의 순간을 만들어 보자는 뜻으로 한 말이다. 그러자 우리 네티즌들이 '멋진 말이다' '저런 말을 하다니 놀랍다'는 반응을 보였다.

최고의 순간은 아직 오지 않았다(The best is yet to com)는 청교도들이 미국 땅에서 첫 번째 추수감사절을 지낼 때 했던 말이라고 알려져 있다. 척박한 환경에다 미래는 불확실하지만 희망을 품고 나가자는 소망을 내포한 말이다.

내 강연 PPT의 마지막 장을 넘기면 '최고의 순간은 오지 않았다' 'The best is yet to com'이라는 글자아래 '생각, 꿈, 확신, 말'이라고 쓴 도형이 보인다. 강연을 마칠 때면 언제나 청중들과 함께 비전을 설계한다.

각자의 목표를 떠올리면서 첫째, '할 수 있다, 하면 된다, 해보자'는 생각을 한다. 둘째, 목표를 눈앞에 떠올리는 작업이다. 자신의 미래를 머릿속에 그리며 꿈을 꾸는 것이다. 사진이 있다면 책상 앞에 붙여놓아도 좋다. CEO가 되고 싶다면 회장님 사진을 구해서 자신의 얼굴을 합성시켜 책상에도 붙이고 지갑에도 넣고 다니면 어떨까. 다시 말해 '바라봄의 법칙'을 실천하자는 것이다. 셋째, 강한 믿음이다. 나는 반드시 이룰 수 있다는 확신을 갖는 것이다. 하나님께 기도도 하고 자신에게 자신감도 불어넣으면서 나는 반드시 되고야 말 거라는 생각을 하면 목표에 좀 더 다가갈 수 있다. 입으로 시인하는 것이 마지막 순서이다. "나는 CEO가 될 거야.", "나는 밀리언셀러 작가가 될 거야."라고 주변에 말하고 다니라. 낮말은 새가 듣고 밤말은 쥐가 듣는 게 아니라 남이 듣고 내가 들으면서 그 일이 점차 구체화 되어 간다. 정확한 목표를 세우고 입체적인 생각을 하면 어느덧 꿈과 가까워질 것이다.

'역사는 똑똑한 5%가 만들고, 뛰어난 5%가 회사를 살린다. 상위 5%의 프리미어 소비자가 소비 시장을 이끈다.'

과연 그럴까? 요즘은 1%, 심지어 0.1%를 논하는 시대이다. 아이디어를 내고 기획을 하고, 비전을 제시하는 두뇌가 중요하다는 뜻이다. 현대 사회는 브레인 이외의 사람은 '000 외 몇 명·기타 등등'으로 몰아넣어 버릴 정도로 평가가 박하다.

구성원 가운데 70%가 역량을 제대로 발휘하면 그 기업은 성공한다는 통계가 있다. 70%는 고사하고 50%만 제대로 열심히 하면 성공하지 못할 기업이 없다는 의견도 있다. 대형교회를 취재할 때 교회마다 "10%의 열심 있는 교인들이 교회의 동력."이라고 말했다. 80대 20의 파레토 법칙은 20%만 제대로 움직이면 성공이라고 한다. 뇌 전문가들은 인간이 자기 뇌 역량의 5% 정도밖에 발휘하지 않는다고 통탄한다. 100%의 뇌를 다 활용하는 개인이 모여 100%의 역량을 발휘하면 가공할 만한 힘이 분출할 것이다.

최고의 순간은 아직 오지 않았다. 그런데 도도한 최고의 순간은 가만히 있으면 결코 다가오지 않는다. 매일 매일 발전하여 매일 매일 내 생애 최고의 순간을 맞으라. 나선형을 그리며 점차 위로 올라가다 보면 정상에 서게 된다. 미래를 바라보며 최선의 노력을 다할 때, 최고의 순간은 다가올 것이다.

애초에 이 책을 시작할 때 달란트로 포문을 열었다. 잘하는 것, 나의 달란트를 정확히 파악하여 갈고 닦는 것, 거기에 길이 있다. 내가 받은 달란트를 묻어놓고 사는 건 내 인생에 대한 직무유기이다. 나의 재능을 찾아내 최선을 다해 갈고 닦아 열매를 맺어야 한다. 다섯 달란트, 두 달란트 남기며 빛나는 삶을 살도록 노력해야 한다. 잘하는 것에 미치면, 분명 기적이 일어난다.